郭丽冰 著

鉴古与清赏

明代的书画收藏活动

中国书店

图书在版编目（CIP）数据

鉴古与清赏：明代的书画收藏活动 ／ 郭丽冰著. ——
北京：中国书店，2024.1
　　ISBN 978-7-5149-3345-1

　　Ⅰ．①鉴… Ⅱ．①郭… Ⅲ．①汉字－法书－收藏－研
究－中国－明代②中国画－收藏－研究－中国－明代
Ⅳ．①G262.1

中国版本图书馆CIP数据核字（2023）第137276号

鉴古与清赏：明代的书画收藏活动

郭丽冰　著

责任编辑：卢玉珊

出版发行：中国书店

地　　址：北京市西城区琉璃厂东街115号

邮　　编：100050

印　　刷：北京建宏印刷有限公司

开　　本：880mm×1230mm　1/32

版　　次：2024年01月第1版第1次印刷

字　　数：172千字

印　　张：7.375

书　　号：ISBN 978-7-5149-3345-1

定　　价：80.00元

序

明代是中国书画史上的一个重要转折期。

从绘画本体发展的情况看，在宋元两代分别形成院体和文人画高峰以后，开始走向承续与拓展的衍变，成为绘画史上承上启下的重要阶段。这个时期的宫廷绘画，继续沿着宋代的发展脉络前行，比如以戴进为代表的宫廷和浙派绘画，努力继承两宋的绘画传统。同时，明代早期的文人画沿着宋元文人画方向逐渐发展形成了吴门画派，并成为当时的绘画主流，加上徐渭和后期董其昌为代表的松江画派的崛起，呈现出众多的流派和风格，使明代的绘画艺术在继承宋元传统基础上百花齐放，具有丰富多彩的多样化面貌。书法发展亦是，吴门书派的形成、书法中堂大轴形制的兴起，突破了书法仅仅作为文字书写附属的格局，更加全面地打开了为艺术欣赏而创作的大门。

另一方面，从社会发展的角度看，经济的发展和区域中心的形成，文人雅士的汇聚，促使明代的江浙地区成为较大规模的书画艺术品交易和流通中心。而书画交易和私家收藏的兴起，导致这一时期的书画鉴藏活动十分兴盛。

多样的书画创作格局和面貌、兴盛的书画作品交易流通，成为明代书画发展过程中的一个重要特点。以今天艺术理论研究的视角来讲，书画流通与收藏鉴定是传统书画和艺术史研究不可或缺的重要内容，因此越来越受到艺术创作和艺术史研究等方向的学者们的关注。

郭丽冰在浙江大学艺术学理论专业攻读博士学位期间，专注于明代艺术史研究，且对明代书画鉴藏有着浓厚的兴趣，本书就是她这一阶段在学习前辈研究成果的基础上，对明代书画收藏活动的思考和小结。书中首先对明代以前的书画收藏活动作了概述，进而对明代书画收藏活动的状况、特点、兴盛原因、书画鉴藏著录等进行了多角度讨论。作者在书中提出了她的基本看法，即明代书画收藏和鉴赏活动，在"崇古"基础上，更多的体现出一种"雅玩"的意趣："明清文人强调的是自身价值观念和格调趣味，其重心在于'雅'，面对古物时，他们体验到的是一种轻松愉悦之感，因此，'玩古'也随之演变为一种社会时尚。"

作为成长过程中的年轻一代，在本专题的研究中当然还有更大的深入空间，有待于今后不断修正、补充和完善。祈盼学界前辈和同行予以指教，也希望郭丽冰继续努力，不断前行，取得更多更好的成果。

金晓明

2023 年 10 月 16 日于浙大西溪校区

前　言

　　自 1368 年明太祖朱元璋在南京称帝，至 1644 年崇祯帝自缢于景山，大明王朝近三百年的时间里，呈现出了精彩纷呈的艺术与文化。明初帝王严苛的思想控制禁锢了意识形态的发展，整个社会处于拘谨沉闷的氛围之中。明代中期开始，随着社会经济结构的巨变，以心学为代表的自我意识开始觉醒。这也对明代文化格局形成了巨大冲击。"明代思想，尤其社会思潮，其具有历史意义的部分，不在正统的领域，而是在从正统中反出来的另类思想风气。到了 16 世纪，寻求个人主体性的思潮，遂在文化与艺术领域，发为巨大的能量。"① 在心学思潮的影响下，晚明社会发生了重大变化，人们的心境也随之改变。尤其是嘉靖以后，奢靡成风，人们的日常生活也突破了传统限制，文化观、婚姻观和金钱观都随之改变。与文化发展之轨迹相呼应的是，明代的书画创作与收藏也不同以往，呈现出欣欣向荣的面貌。尤其是明中期，随着浙派的低迷和"吴门画派"的崛起，打开了明代书画创作与鉴藏的新局面。

　　明代的书画鉴藏活动，大致可以分为三个时期，即前期、中期和后期。从书画收藏史的角度来看，明代的书画收藏并不以宫廷收藏闻名，相对而言，私人收藏更为兴盛，如沈周、文徵明父子、冯梦祯、李日华、项元汴家族等。明代前期的书画收藏以内府为主；

① 许倬云：《万古江河——中国历史文化的转折与开展》，上海文艺出版社，2006 年，第 245 页。

明中期以后，内府收藏逐渐外流，私人收藏普遍增多。明代中晚期，随着商品经济的迅速发展，思想文化领域也产生了一些变化，尤其是北京、南京、苏州、杭州等城市，出现了资本主义的萌芽，艺术市场日趋繁荣，但也出现了书画等艺术品作伪的热潮。与此同时，书画著录也开始兴盛，尤其是明代私人鉴藏家著述颇丰，如李开先的《中麓画品》、朱存理的《铁网珊瑚》、詹景凤的《东图玄览编》、张丑的《清河书画舫》等。本书试图以该时期具有代表性的书画鉴藏家和书画著录为例，勾勒出一个完整的时代鉴藏环境。与前代相比，明代的书画著录体例更加完整，更多详细地记录了书画鉴藏信息。根据这些书画著录不仅能够管窥明代书画鉴藏之兴盛、晚明社会书画收藏的流行、艺术消费风尚的盛行，还可以进一步了解文人对闲适雅致生活追求的世俗面向。

目 录

绪 论

　　本书从明以前的书画鉴藏活动着手，具体从秦汉时期、魏晋南北朝时期、隋唐五代时期、宋元时期开始讨论，进而到明代的书画收藏活动。明代是中国历史上的一个特殊时期，该时期的书画活动也取得了巨大成就，出现了"院体""浙派""吴门画派""松江画派"等书画群体，从而对后世产生了重要影响。现结合明代的政治、经济、思想、文化等背景探究明代书画鉴藏活动如此兴盛的原因。明代中晚期的私家收藏非常活跃，不同阶层的社会群体都开始参与其中，如朝廷大臣、文士大夫、徽州富商和普通百姓等。但随着收藏群体的不断壮大，出现了藏品供不应求的现象，这也促使明代艺术市场的崛起和书画作伪高潮的出现。明代书画市场的形成与繁盛有多方面原因，如时人物质生活的改善、精神文化需求的提高、对藏品需求的增加等。文章具体从明代艺术品市场的兴起背景、明代书画交易的方式与特点以及明代书画市场与作伪等方面展开叙述。此外，明代书画著录尤其是私家鉴藏著录取得了显著成果，并形成了自身的编撰特色，如作者呈现出极强的地域性和个人主导意识。著录内容更加完整，既包括书画作品上的题跋、印文、作品的尺寸等，还包括一些作者的钤印释文等。从这些私家书画著录中也可反映明人的艺术审美趣味，对了解明代书画艺术有重要价值和意义。

　　明代多数时期社会环境都比较安定，宫中积累了大量的书画作品，尤其是前半叶的洪武至正德时期，由于历代君主的喜好，这150余年是明代宫廷书画收藏和创作的鼎盛时期。在历史上，明代书画也占有十分重要的地位，它的发展与当时的学术思想有密切联系。该时期出现了浙派和吴门画派等绘画群体，也出现了众多文士和民间收藏群体。尤其是明中期以来书画鉴藏活动非常之活跃，具体体现在：参与人数众多、藏品种类丰富、交易形式多样、书画著录翔实、书画作伪泛滥等几个特点。从本质上讲，鉴藏是一种文化行为，必然与一定的社会存在相联系，进而折射出历史进程的足迹。在鉴藏活动以及具体藏品当中，往往能体现出一个时代的生产力和社会经济状况，印证着当时的科技水准和文化风尚，而且还从一个直接的视角标示出其时美术领域的发展趋向。关于明代书画艺术的书籍已十分多见，或辑录，或治史，或鉴赏，或品评，各有其价值。本书则较为系统地叙述了明代书画艺术的发展脉络、画风和书画家以及他们的代表作品，从而对明代书画鉴藏群体、著录以及当时书画市场的状况进行梳理和总结。这对进一步深入而具体地了解明代鉴藏史具有一定的意义和价值。此外，书中还附有六十余幅珍贵的图片资料，这对读者可以起到更好的理解和引导作用。

本书按照历史时期、社会环境、审美趋势以及个案研究，从宏观到微观展开讨论，因为只有将某个单元放到整个时代的背景之下，才能够看清其原有面貌。另外，再结合明史、地方志、家谱、诗文、日记等文献资料以及博物馆、画册等书画资料，从而对明代宫廷、文士、民间书画鉴藏史进行相对客观的研究。

首先，对于现有可利用的文献资料进行搜剔爬梳，掌握相关史料，这不仅是理清明代书画收藏状况的必要手段，也是观察、了解研究对象的必然途径。只有尽可能地将具体人物关系恢复到当时的历史语境中去，才有可能不带偏见地进行研究。此外，明代的笔记杂谈也可以作为旁证材料出现，如何良俊的《四友斋丛说》、谢肇淛的《五杂俎》和李日华的《味水轩日记》等。国内外出版的关于明代绘画史方面的著作也可资利用。在具体研究方面，不仅要对纵向性的史料记载进行借鉴和分析，同时代收藏家之间的比较分析也尤为重要。

其次，尽最大努力对收藏个案进行深入研究。在任何历史语境下，收藏家与特定社会环境的关系都十分密切，只有在大的时代背景下，才有可能靠近历史原貌。另外，本书还会选取一定的图片资料，以资阐述明代收藏史的历史传承和收藏家审美趣味的渐变过程。对于具体的书画作品，研究者必须尽可能地看到作品背后的社会性缘由，因为从古至今，书画作品的创作与收藏都有其明确的目的性和功能性。此外，通过考察明代中后期的一些大型城镇，可以反映出当时的社会状况和各阶层中出现的一系列审美思潮的变化。明代书画收藏不仅体现出个人的兴趣爱好，还逐渐生发出明确的商业目的。

最后，对于现有美术史料中的相关叙述，书中会采取相对客观的分析态度，以史为鉴、以实为据，以观念和实践互动的手法来阐释观点，尽量避免先入为主的论述，从而做到正本清源。

为了更加系统全面地展开研究，本书参考了大量国内外研究文献，以期在此基础上对明代书画的鉴藏状况有更加深入的了解。

明人沈德符的《万历野获编》是研究明一代历史的重要史料，记载了从明初到万历年间的典章制度、人物轶事、山川风物、绘画工艺等内容，是研究明代社会生活方面的重要史料；文震亨的《长物志》以明代文人的生活方式、家具陈设、园林建筑和古玩字画等为研究对象，这对了解当时人的生活细节有重要参考价值；明人李日华的《味水轩日记》以日记的形式记载了当时的书画鉴藏群体和书画交易状况。明代戏曲家高濂的《遵生八笺》，涉猎广泛，内容涉及养生、鉴赏、饮食等方面。《遵生八笺》之《燕闲清赏笺》

一卷，涉及古玩玉器、青铜器、插花、陶瓷、漆艺等工艺美术作品，通过该卷可以管窥明代文人对收藏活动的态度。屠隆的《考槃余事》共分为十五笺，即书版、碑帖、书画、琴、纸、笔、砚、墨、香、茶、盆景、金鱼、山居、养生、服饰和陈设。各笺所用名字虽然与《遵生八笺》有所不同，但是意义却基本相同。张应文的《清秘藏》共有两卷，是中国古代工艺美术鉴赏著作，其内容涉及法书、名画、窑器、墨、纸等器玩的辨别和收藏。该书所关注的重点是收藏行为，因此所论之物或为真品或为古物。此外，还有托名为项元汴的《蕉窗九录》，涉及众多藏品的分类、考证、鉴赏和收藏等内容。其余各类专项著作则对藏品的种类有更加深入的研究，如书画收藏方面有陶宗仪《书史会要》、朱谋垔《续书史会要》《画史会要》、王世贞《王氏书苑》《画苑》、张丑《清河书画表》《真迹日录》《法书名画见闻表》、唐志契《绘事微言》和项穆《书法雅言》等，古董方面有董其昌《古董十三说》，金石学方面有赵崡《石墨镌华》、陈炜《吴中金石新编》等，赏石方面则有林有麟《素园石谱》。

当代学者在书画鉴藏方面的著述也很丰富，如李泽奉、刘如仲主编的《古画鉴赏与收藏》一书，按照时代顺序，将六朝、隋唐、五代、两宋、元代和明清时期的绘画鉴藏情况进行了详细梳理，结合每一时期的具体画家进行阐述，对本书有重要的参考意义。周文翰《中国艺术收藏史》，从收藏的起源、收藏的兴盛、品味的扩张和收藏投资意识的觉醒等方面进行探讨。在谈到明代艺术收藏部分时，作者从皇家收藏和民间收藏两个角度进行论述，并结合收藏家项元汴的具体个案展开讨论。纪学艳的《张丑书画收藏与著录研究》一书，介绍了明代书画的著录概况，探讨了张丑所处的社会环境、张丑本人的书画收藏和书画著录以及张丑在书画鉴定方面的经验与成就等。朱万章《书画的鉴藏与市场》以隋、唐、宋、元、明、清和近现代为时间线索，对中国书画的演进历程进行了阐述，讨论了书画鉴定的断代问题和书画鉴定中的个人风格。该书还列举了书画作伪的常见手法和常见区域，并结合具体实例对临摹书画的鉴考进行了分析。黄朋《吴门具眼——明代苏州书画鉴藏》以明代苏州地区为研究对象，通过繁杂史料的搜剔爬梳，对该区域的鉴藏家的鉴藏活动进行了详细考证。韩进《明代书画学著作研究》分为上下两编，以明代江南地区的私家书画目录为研究对象，上编是关于明代书画目录的分期研究，下编是经眼明人私家书画目录解题。

高居翰《画家生涯》，则主要探讨了中国古代画家的工作方式和创作目的，尤其是从元至清晚期画家的工作与生活。该书还从社会层面，考察了不同阶层画家的生存状态，考察了他们如何通过自己的书画作品来维持日常生计，而对于收藏家、书画赞助人和特定雇主来说，他们又是如何从画家手中得到满意的作品。柯律格《长物：早期现代中国的物质文化与社会状况》，以明代的物质文化为研究对象，采用社会艺术学的方法展开讨论，考察了明代艺术的社会史、消费史和身在其中的实践者的情况。台湾学者金炫廷《明人鉴赏生活》，详尽地记述了明代文士的鉴赏生活和悠闲的人生态度，对明代生活和士人的玩好有详细记录。封治国《与古同游：项元汴书画鉴藏研究》，是以项氏收藏为代表的个案研究，该书详细地论述了项元汴的家族背景、友朋关系以及书画鉴藏，并对项元汴年谱进行了详细的交代。以上古今著作都对本书的写作具有十分重要的借鉴意义。

第一章 明以前的书画收藏

中国社会从夏、商、周时期开始步入奴隶社会，私有制也随之产生。这就为物质产品或精神产品的私人占有提供了可能。中国书画艺术的鉴藏之风，由来已久，但真正意义上的书画收藏还是源自秦汉时期。唐张彦远《历代名画记》中记载汉明帝"雅好画图，别立画官，诏博洽之士班固、贾逵辈，取诸经史事，命尚方画工图画"[1]，这就为宫廷收藏提供了契机。魏晋以降，在书画收藏方面明显取得了极大的进步。该时期，书画鉴藏不仅成为一门独立的学科，成了朝野上下所崇尚的一种文化行为，而且还出现了专门的鉴藏类著作。《历代名画记》中载："魏晋之代，固多藏蓄。"[2]自古以来，向来推宫廷藏品为大宗，但自唐宋以降，私家收藏也日渐普遍。发展至唐代，不仅内府收藏昌盛，私人收藏家也逐渐增多。唐代覆灭，五代十国战乱频繁，直到赵宋王朝统一南北后，才将各国收藏皆归于宋室。宋代初期，太祖赵匡胤、太宗赵匡义开始诏令搜访前朝和列国书画，内府收藏又陆续充实起来，发展至宋徽宗时期，内府收藏的法书名画已相当可观。但随着金兵入侵，北宋内府收藏的书画或毁于战乱，或散于民间。13世纪中叶，蒙古帝国将金、南宋先后攻陷，在此过程中，又有一部分古籍名画被损毁。幸存的部分前朝书画则流入元内府，或散落民间。元文宗后，

①［唐］张彦远：《历代名画记·述古之秘画珍图》，浙江人民美术出版社，2019年，第69页。
②［唐］张彦远：《历代名画记·叙画之兴废》，浙江人民美术出版社，2019年，第4页。

内府书画逐渐流失，到元顺帝时期更是陷入低迷期，直至明朝建立，将元内府书画直接归为己有。皇室收藏和私家收藏此消彼长，成了历史赓续和名品聚散的两大渠道。这也构成了中国书画鉴藏的历史规律。现按照历史发展顺序，简要回顾一下明以前的中国书画鉴藏的流变与发展，以及各个阶段的基本史实和主要特征。

第一节 秦、汉时期的书画收藏

自公元前 221 年秦始皇统一中国到 220 年汉朝灭亡，这段历史时期是中国封建社会的迅速发展期，也是中国民族艺术风格确立与发展的重要时期。秦始皇统一中国后，在政治、经济、文化等领域的一系列改革使得社会产生了巨大变化，为了宣扬功业，显示王权而进行的艺术活动，在事实上促进了绘画的发展。因此，秦汉时期，出现了很多宣扬道德伦理，反映人们日常生活和社会风俗的壁画。这些壁画主要描绘在陵墓、宫殿或庙堂之上，表现形式还比较古拙。与此相比，该时期的书法艺术已经相对成熟，出现了小篆、秦隶、楷书、草书和行书等字体，并日益完善。流传至今的秦汉书迹有大量诏权、诏量和诏版，以及瓦当、货币等上铸刻的文字。西汉时期留存于世的主要是竹木简牍，东汉时期则主要是碑刻，如《张迁碑》《曹全碑》（图1）《石门颂》等。东汉时期还留下了十分宝贵的理论著作如蔡邕的《笔论》和《书说》。迄今所知，最早收藏鉴赏名画的皇帝是汉武帝刘彻，唐代张彦远《历代名画记》载："汉武创置秘阁，以聚图书；汉明雅好丹青，别开画室。又创立鸿都学，以集奇艺，天下之艺云集。"[1] 由此可知，汉代已经设立了专门的书画收藏场所。到了东汉末年，汉献帝统

---

[1] ［唐］张彦远：《历代名画记·叙画之兴废》，浙江人民美术出版社，2019 年，第 4 页。

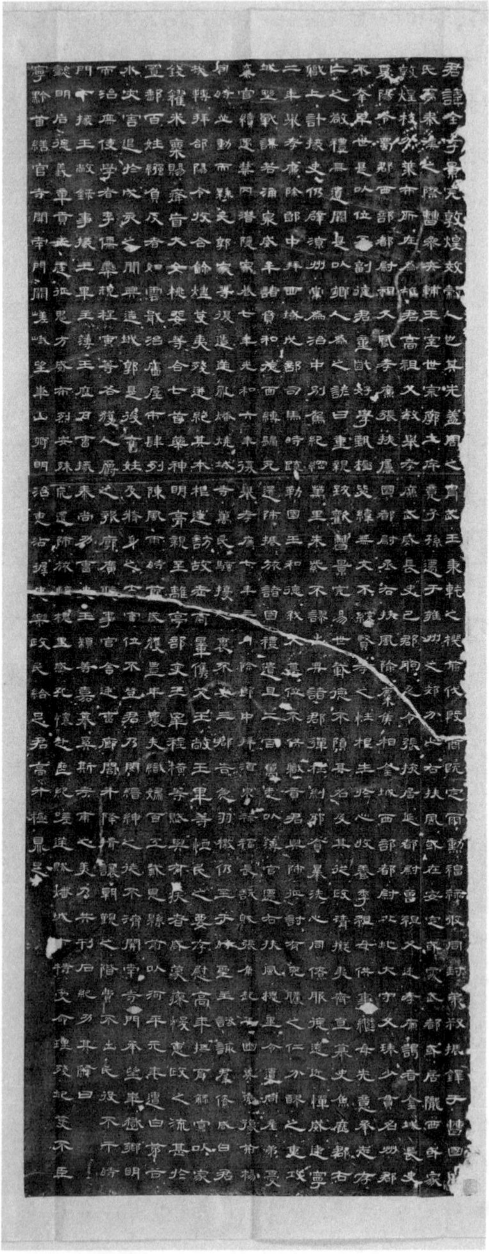

图1［汉］佚名《曹全碑》，纸本，纵180厘米，横73厘米，中央美术学院图书馆藏

治时期，宫廷收藏已初具规模，但不幸在朝代更迭之时损失严重。
据《后汉书·儒林列传》中记载：

> 及董卓移都之际，吏民扰乱，自辟雍、东观、兰台、
> 石室、宣明、鸿都诸藏典策文章，竞共剖散，其缣帛图
> 书，大则连为帷盖，小乃制为滕囊。及王允所收而西者，
> 裁七十余乘，道路艰远，复弃其半矣。①

汉代内府书画收藏可谓遭到了重大损失，但也从侧面说明了秦
汉时期的书画收藏活动已经相对比较成熟，并形成了一定规模。
但是秦汉时期的绘画收藏主要是"义存劝戒之道"，直到魏晋时期，
绘画收藏的审美功能才受到重视，并出现了一批爱好书画收藏的
江南士族。

第二节 魏晋南北朝时期的书画收藏

著名美学家宗白华认为"汉末魏晋六朝是中国政治上最混乱、
社会上最苦痛的时代，然而却是精神史上极自由、极解放，最富
于智慧、最浓于热情的一个时代。因此也就是最富有艺术精神的
一个时代"。②魏晋南北朝时期虽然硝烟四起，战事不断，但历代
帝王基本都富有才情，喜爱收藏法书名画。文献中有不少记载，"魏
晋之代，固多藏蓄"③；"宋、齐、梁、陈之君，雅有好尚"④，"古

---

① [南朝宋]范晔撰，[唐]李贤等注，中华书局编辑部点校：《后汉书·儒林列传》，
中华书局，1965 年，第 2548 页。
② 宗白华：《美与人生》，北京理工大学出版社，2012 年，第 189 页。
③ [唐]张彦远撰：《历代名画记·叙画之兴废》，浙江人民美术出版社，2019 年，
第 4 页。
④ [唐]张彦远撰：《历代名画记·叙画之兴废》，浙江人民美术出版社，2019 年，
第 4 页。

之珍奇，充牣内府"①。以收藏闻名者如东晋桓玄以及宋武帝、宋明帝、梁武帝、梁元帝、陈文帝等。也正是有了这些帝王的爱好和努力，才让当时宫廷内府的书画收藏得以较好的保存。

魏晋南北朝时期是我国书画收藏活动的开端，以皇家和权贵收藏为主。梁武帝萧衍是第一个大力推崇王羲之书法的皇帝，曾云："王羲之书字势雄逸，如龙跳天门，虎卧凤阙，故历代宝之，永以为训。"②他收藏王羲之、王献之书迹达一万五千纸之上，当然其中也夹杂了不少赝品。另外，魏晋南北朝时期购求书画的私人藏家也有很多，如以王羲之、谢安两家为代表的名门望族也竞相收藏书画，并且以所藏之优劣、多寡作为评定门第高低的标准之一。时人对名人字画可谓趋之若鹜。对此，虞龢在《论书表》中多有论述：

> 刘毅颇尚风流，亦甚爱书，倾意搜求，及将败，大有所得。卢循素善尺牍，尤珍名法。西南豪士，咸慕其风。人无长幼，翕然尚之。家赢金币，竞远寻求。于是京师三吴之迹，颇散四方。羲之为会稽，献之为吴兴，故三吴之近地偏多遗迹也，又是末年遒美之时。中世宗室，诸王尚多，素嗤贵游，不甚爱好，朝廷亦不搜求。人间所秘，往往不少。新渝惠侯，雅所爱重，悬金招买，不计贵贱。③

此外，发展至魏晋南北朝时期，书画鉴藏与品评也得以开展，如宋明帝命虞龢等人清理鉴别所有书画藏品，并撰有《论书表》

---

① [唐]张彦远撰：《历代名画记·叙画之兴废》，浙江人民美术出版社，2019年，第5页。
② [清]倪涛编，钱伟强等点校：《六艺之一录·梁武帝古今书人优劣评》，浙江人民美术出版社，2015年，第5584页。
③ [唐]张彦远纂辑，刘石校理：《法书要录校理·宋中书侍郎虞龢论书表》，中华书局，2021年，第45页。

一书。梁元帝萧绎不但精于鉴定，而且还建立了保存书画的规章，所收书画均经精心鉴定，编成详细目录并加以装裱。该时期，记录绘画作品名称及有关画家的品评文字，散见于绘画史论著述中者有《魏晋胜流画赞》《古画品录》和《续画品录》等。

值得一提的是，随着六朝收藏风气的兴盛，名迹买卖以至造假的情况开始出现并日渐普遍，如曾奉诏搜访名迹的虞和所述：

> 而轻薄之徒锐意摹学，以茅屋漏汁染变纸色，加以劳辱，使类久书，真伪相糅，莫之能别。故惠侯所蓄，多有非真。[1]

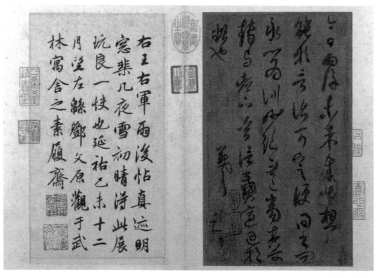

图 2 [东晋] 王羲之《雨后帖》，纸本册页，长 25.7 厘米，宽 14.9 厘米，故宫博物院藏

---

[1] [南朝宋] 虞和：《论书表》，见《历代书法论文选》，上海书画出版社，1979 年，第 50 页。

这是较早记载伪造书法名迹的事例。由此可见，该时期的作伪手段已极其高明。由于帝王、文士对王羲之、王献之书法的喜爱与推崇，时人竞相模仿"二王"书迹，且已经可以达到以假乱真的地步，这也说明鉴别真迹属实不易。

魏晋南北朝时期，因帝王对书画艺术的爱好，内府收藏数量渐丰。虽在朝代更迭中有所损失，然搜求急切之势未减。这些数量庞大的古玩珍品在朝代更迭和历次战乱中多次受到几近毁灭性的散佚与流失，着实令人惋惜。但随着绘画收藏由"明劝戒、着升沉"功能性逐渐向娱乐自身的无功利性转变，书画收藏也开始由皇室向私人收藏扩展。

第三节 隋、唐、五代时期的书画收藏

隋、唐时期我国书画收藏氛围活跃，各皇家内府的收藏物时聚时散。隋朝虽然统治时间较短，但在书画收藏方面也有所建树。隋炀帝杨广继隋文帝杨坚后继续扩大内府收藏，于东都洛阳观文殿后的东面建"妙楷台"，庋藏法书；西面建"宝迹台"，收贮名画，这也是中国历史上首次设置的皇家收藏库。不幸的是，大业十二年（616）隋炀帝巡幸扬州，船只覆没，随身携带的书画大半落水，所余部分为宇文化及和窦建德所有，东都留存的藏品则入王世充手中。隋朝还编撰了《古今艺术图》五十卷，以整理和完善皇家艺术品的收藏。此时期私人收藏家亦逐渐增多，如著名权臣、诗人杨素。

此后的唐朝，是中国历史上的繁荣昌盛期，也是各种艺术创作和美术鉴藏的蓬勃发展期。唐高祖时，李世民于武德五年（622）灭了王世充、窦建德，尽收两都内库收藏及扬州所余书画，由司农少卿宋遵贵随船护送至长安。可惜的是，船只在黄河三门峡覆没，所存仅十分之二。其时，武德内库书画只有三百卷，太宗李世民酷爱法书名画，千方百计征集名作。高宗、武后时内府收藏有所增加，而响拓复制品赏赐臣下的风气更盛。中宗时，内府收藏首次大批流散宫外，入于贵戚显宦私室，至玄宗时才再度充实。肃宗后内府收藏已远不如前。帝王之外，上层官僚、僧人道士和商贾也竞相收藏古籍名画。由此可见，发展至唐代，私人收藏家已经有了相当规模。

唐初私人藏家就有萧瑀、许善心、褚安福、欧阳询、褚遂良、虞世南和薛稷、颜师古、王方庆和张易之等人。关于颜师古，《新唐书·儒学上》称其擅长书法，"多藏古图书器物书帖"。中唐以后，主要书画收藏家有张彦远、李德裕、张怀瓘、李勉、柳公权和韩愈等人，这些私人收藏家购求保存书画名作，大多出于玩好，并不过多考虑其经济价值，其中最大的收藏家应属张彦远。张彦远祖孙五代都酷爱收藏，他在《历代名记》中叙述道："彦远家代好尚，高祖河东公、曾祖魏国公相继鸠集名迹"[1]，所聚书画可侔秘府。值得注意的是，"贞元末新罗国有人于江淮以善价收市（周昉画）数十卷，持往彼国"。[2] 可见，唐代绘画收藏的兴盛已经波及国外。

此外，唐朝时期，各类艺术品在市场上的流通和购藏也比前朝活跃，杜甫诗《夔州歌十绝句》中云"忆昔咸阳都市合，山水之图张卖时"，绘画在街上张挂销售，说明唐时艺术市场已相对成熟。唐时书画市场上的参与群体着实扩大了许多，但仍以有相当经济实力的权贵和富人群体为主，如户部尚书钟绍京好书画，"不

① ［唐］张彦远纂辑，刘石校理：《法书要录校理·前言》，中华书局，2021年，第2页。

② ［唐］韩偓著，吴在庆校注：《韩偓集系年校注·荷花》，中华书局，2015年，第812页。

惜大费，破产求书"①，历仕宰相王涯，好书画，"以厚货致之"②；书画消费的奢侈与高端性，决定了其消费群体必然是上层人士。

隋、唐书画收藏的繁荣，为我国古代书画收藏理论的撰写提供了必要前提。唐代书画著述虽遗存不多，然较以往丰富，如裴孝源《贞观公私画录》和朱景玄《唐朝名画录》。张彦远《历代名画记》更是对书画的收藏、鉴赏、装裱、整理等都提出了其独特的见解。以上著作，对中国美术史有重要的学术史意义。

唐亡后，五代十国割据混乱，内府收藏状况不详。但相对而言，西蜀、南唐成立了皇家画院，所蓄书画不少。南唐后主李煜虽然在政治上碌碌无为，但才艺非凡，书画皆善，所著《书评》《书述》是书法理论研究不可多得的佳作。宋郭若虚《图画见闻志》曰："江南后主李煜，才识清赡，书画兼精。尝观所画林石、飞鸟，远过常流，高出意外。"③李煜还善于鉴别，喜欢收藏。南唐内府的收藏十分充实，其藏品有不少来自唐代内府。五代的私人鉴藏家则以后梁的驸马都尉赵嵒与将军刘彦齐最为著名。刘彦齐善于书画鉴定，当时有"唐朝吴道子之手，梁朝刘彦齐之眼"的说法，其家藏书画可达千卷以上。

五代书画著述颇少，存世者尤稀。这个战乱频仍的时代给民众带来了深重的灾难，其在唐宋之间却也起到了文化艺术方面的承前启后作用。

---

① ［唐］张怀瓘：《书估》，见《历代书法论文选》，上海书画出版社，1986年，第150页。
② ［五代］刘昫：《旧唐书·王涯传》，中华书局，1988年，第4405页。
③ ［宋］郭若虚撰，王群栗点校：《图画见闻志·李后主》，浙江人民美术出版社，2019年，第80页。

第四节 宋、元时期的书画收藏

宋代内府收藏可谓是大集聚时代。宋太祖赵匡胤和宋太宗赵光义均对书画极感兴趣，内府收藏规模也不断扩大。至徽宗朝达到极盛时期，他命侍臣编撰记载宫廷收藏书画的著录专著《宣和书谱》和《宣和画谱》。北宋灭亡后，内府收藏大半遭毁。南宋时，历经高宗、孝宗、光宗、宁宗四朝之后，内府收藏又趋可观。伴随着经济的发展，书画私人鉴藏盛行，一方面滋生了书画作假之风，另一方面，也使书画鉴定专家应运而生。元内府收藏则主要是接受宋、金内府的藏品，规模不及宋代。元文宗时，内府收藏达到鼎盛。女藏家皇姊鲁国大长公主的藏品大部分为内府所赐，可列为元代私人收藏之冠。

一、宋代宫廷书画收藏

公元960年，赵匡胤发动政变，定都东京汴梁（今河南开封），史称北宋。宋代内府收藏可谓是历史上的高光时刻，这些收藏是在西蜀、南唐皇室收藏的基础上发展起来的。宋太祖赵匡胤和宋太宗赵光义都热衷于书画艺术，曾派遣大臣搜访前朝遗迹，内府收藏规模也随之不断扩大。到宋徽宗时，内府书画收藏达到历史高峰。据邓椿所述，徽宗时，"秘府之藏，充轫填溢，百倍先朝。又取古今名人所画，上自曹弗兴，下至黄居寀，集为一百秩，列十四门，总一千五百件，名之曰《宣和睿览集》"[1]。他注重招纳人才，积极搜访古籍名画以充实内府收藏。不仅如此，他还命侍臣编撰我国首次较为完整的系统记载宫廷收藏书画的著录专著《宣

---

① [宋] 邓椿著，王群栗点校：《画继·圣艺》，浙江人民美术出版社，1963年，第217页。

和书谱》《宣和画谱》《宣和睿览集》（今已不存）。北宋灭亡后，内府收藏大半遭毁。公元 1127 年，金兵南下，康王赵构逃亡临安（今浙江杭州），建立南宋政权。高宗赵构也擅长书画，酷爱收藏。等到政权稳定后，便开始恢复宫廷书画创作，收集在战乱中流落民间的古籍书画，并派近臣前往市场征购：

> 思陵妙悟八法，留神古雅，访求法书名画，不遗余力。清闲之燕，展玩摹搨不少怠。盖睿好之笃，不惮劳费，故四方争以奉上无虚日。后又于榷场购北方遗失之物，故绍兴内府所藏，不减宣、政。①

历经高宗、孝宗、光宗、宁宗几位帝王的努力之后，南宋内府又逐渐充实起来。从宁宗年间的《宋中兴馆阁储藏图画录》可以了解到，该时期皇室收藏的名画已达千轴以上。包括魏晋时期的山水画、唐代的人物画和花鸟画，其余还有道佛像和虫鱼画等。在书迹方面，南宋尚留有《淳熙秘阁续帖》，共计十卷。发展至南宋末年，内府所藏书画的流失非常严重，已远远不能与北宋盛期的收藏同日而语了。

二、宋代私家书画收藏

北宋的帝王重视书画鉴藏，宫中鉴藏之风也影响了文人士大夫的私家收藏。官僚的部分收藏得益于帝王赏赐，部分来自自身购求。而文人群体中的部分文人自身就擅长书画创作，对古籍书画等也有着收藏的爱好。此外，随着宋代经济的活跃、手工业和工商业的兴旺，不少民间私人收藏家也加入了此行列。北宋时期的私家收藏，多为法书、名画、图籍、铜器等。宋代金石学的形成和发展对美术鉴藏影响深远。

---

① [清] 倪涛著，钱伟强等点校：《六艺之一录·宋绍兴御府书画式》，浙江人民美术出版社，2015 年，第 7695 页。

图 3 [北宋] 王诜《青绿烟江叠嶂图》，绢本，纵 45.2 厘米，横 166 厘米，上海博物馆藏

北宋时期的官僚收藏颇为丰富，成为继内府收藏之外的重要力量。宋代文人的书画收藏则以王诜和米芾为代表。王诜在神宗时期被选为驸马，他不仅爱好收藏，也擅长书画。《宣和画谱》就收录了他的画作三十五幅，可谓数量众多。为此，他还建造了一座用于收藏书画名迹的"宝绘堂"。邓椿《画继》有所记载："（王诜）作'宝绘堂'于私第之东，以蓄其所有，东坡为作记。"①为此，苏轼还专门为此作了一篇《宝绘堂记》。而历史上著名的书法作品《羲之千文》《颜鲁公顿首夫人》《怀素诗一首》都曾在驸马都尉王晋卿家。

北宋时期的另一位著名私人收藏家米芾（1052—1107），字元章，号鹿门居士、襄阳漫士等，世称米南宫，徽宗时期著名书法家、画家。米芾与宋徽宗来往密切，是徽宗时期的书画学博士。凡是他所钟情的古迹名画，都会努力争取，据《独醒杂志》记载：

> 米元章有嗜古书画之癖，每见他人所藏，临写逼真。
> 尝与蔡攸在舟中共观王衍字，元章即卷轴入怀，起欲赴水。
> 攸惊问何为，元章曰："生平所蓄，未尝有此，故宁死耳。"
> 攸不得已，遂以赠之。②

米芾收藏丰富，据他在《画史》中记载："余家晋唐古帖千轴，盖散一百轴矣。今惟绝精，只有十轴在，有奇书亦续续去矣。晋画必可保，盖缘数晋物命所居为宝晋斋……"③。由此可知，米芾对于书画的痴爱程度。他曾收藏过褚遂良所临《兰亭序》（图4）、谢安《八月五日帖》。其家藏刻本《宝晋斋法帖》是根据他收藏

---

① [宋]苏轼撰，[清]王文诰辑注，孔凡礼点校：《苏轼诗集·和王晋卿并引》，中华书局，1982年，第1422页。
② 傅璇琮、王兆鹏主编：《宋才子传笺证·米芾传》，辽海出版社，2011年，第128页。
③ [宋]米芾撰，燕永成整理：《画史》，大象出版社，2019年，第188页。

图 4 [唐] 褚遂良《兰亭序》（褚临本），绢本手卷，纵 24.3 厘米，横 70 厘米，台北故宫博物院藏

的自六朝以来的笔帖而成，是书史上有名的善本。米芾的收藏体现了当时文人士大夫群体较高的审美品位。

此外，米芾喜欢钤盖印章，凡经他收藏过的书画，皆有印迹。米芾所用印鉴竟多达一百余枚，不同印章钤盖于不同名迹之上，目的是区分作品的品级：

> 余家最上品书画，用姓名字印，审定真迹字印，神品字印，平生真赏印，米芾秘篋印，宝晋书印，米姓翰墨印，鉴定法书之印，米姓秘玩之印。玉印六枚，辛卯米芾，米芾之印，米芾氏印，米芾印，米芾元章印。米芾氏已上六枚白字，有此印者皆绝品，玉印唯著于书帖，其他用米姓清玩之印者皆次品也，无下品者。其他字印有百玫，虽参用于上品印也，自画古贤，唯用玉印。①

可惜的是，米芾并未留下其藏品的完整记录，因此至今难以考证他具体的藏品和藏品数量。除了爱好收藏之外，米芾还有《书史》《画史》和《宝章待访录》等记录其收藏作品和当时社会收藏轶事的著录。米芾的这三本著作，都是札记体裁，记录其所见所闻，并无严格的体例和条例。但也为宋以后的书画鉴藏家提供了一定的依据。北宋末年至南宋时期的著名画论家邓椿的《画继》一书，则反映了北宋末到南宋初的私家收藏情况。

除王诜和米芾之外，喜爱创作与收藏的还有博古好学、喜爱收藏古鼎彝器的画家李公麟。再者如被称为"六贼"的蔡京、朱勔、王黼、童贯、梁师成和李彦，他们通过巧取豪夺等不雅手段积累了不少珍品名迹。宋代的官僚收藏则以苏易简、丁谓、王溥为典型的代表。苏易简（958—997），字太简，梓州铜山县（今四川省德阳市中江县广福镇）人。北宋大臣，与苏舜钦、苏舜元合称"铜

---

① ［宋］米芾撰，燕永成整理：《画史》，大象出版社，2019年，第188—189页。

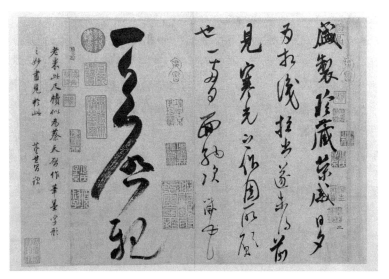

图 5［北宋］米芾《行草书盛制帖页》，纸本，纵 27.4 厘米，横 32.4 厘米，故宫博物院藏

山三苏"。苏易简原是西蜀人，后随其家族归顺宋朝。他不仅爱好书画，还是一位擅长鉴定的书画收藏家，太宗皇帝曾派他去蜀地搜访名迹古画。苏易简及其家族所藏书画作品，多以晋唐名家作品为主。丁谓（966—1037），字谓之，后更字公言，苏州长洲（今江苏苏州）人，曾与郭若虚的祖父有一定的交往，两人都是古籍、书画的爱好者。据郭若虚的《图画见闻志》记载：

> 余大父司徒公，虽贵仕而喜廉退恬养，自公之暇，唯以诗书琴画为适，时与丁晋公、马正惠蓄画均，故画府称富焉。①

丁谓在宋代真宗朝可谓是最大的藏家。但随着其家道中落甚

---

① ［宋］郭若虚著，王群栗点校：《图画见闻志》，浙江人民美术出版社，2019 年，第 9 页。

至因罪遭贬，其收藏作品多充公。

王溥（922—982），字齐物，并州祁（今山西省祁县）人，历任后周太祖、周世宗、周恭帝、宋太祖——两代四朝宰相，收藏有大量的法书名画和古董书籍，其子孙后代也继承了王溥的收藏爱好。其家藏之丰富，甚至连太宗皇帝都曾向其索画，而王溥也乐于投其所好，常献书画于太宗皇帝：

> 王文献家书画繁富，其子贻正，继为好事，尝往来京洛间，访求名迹充轫京衍。太宗朝尝表进所藏书画十五卷，寻降御扎云："卿所进墨迹并古画，复遍看览，俱是妙笔。除留墨迹五卷、古董三卷领得外，其余却还卿家，付王贻正。"①

宋室南渡，也产生了一些富有的私人藏家，如南渡后封安定郡王的宋代宗室赵令畤（1064—1134）、宋代宗室赵希鹄（1170—1242）、赵与懃（生卒年不详）、南宋晚期权相贾似道（1213—1275）、南宋内府近侍米芾（1051—1107）之子米友仁（1074—1153）等。

赵令畤，初字景贶，苏轼为其改字德麟，自号聊复翁。他雅好文艺，颇为流行收藏，李鹰《画品》一书记载他收藏了梁元帝至李公麟二十二家二十五幅作品，并著有《侯鲭录》八卷。相比于赵令畤，赵与懃藏画更多。

赵与懃将家藏法书、名画，编为《赵兰坡所藏书画目录》。据《赵兰坡所藏书画目录》记载，他藏有法书一百七十九卷，名画二百十三卷，如钟繇《贺捷表》、王羲之《快雪时晴帖》《洛神赋》、虞世南《孔子庙堂碑真迹》（图6）、孙过庭《书谱》、颜真卿《自书告身》、苏轼《赤壁赋》等。书末有周密题记："以

---

① ［宋］郭若虚著，王群栗点校：《图画见闻志》，浙江人民美术出版社，1963年，第165页。

图6［唐］虞世南《孔子庙堂碑》原刻，纸本，纵280厘米，横110厘米，西安碑林博物馆藏

上书画止是短卷，大者不在此数。其中多佳品，今散落人间者往往皆是也。"① 从而讲述了赵与懃死后所藏名迹皆尽散落之事。

赵希鹄，袁州宜春人，喜书画，善鉴赏。博学好古，居家以鉴藏古器物及古书画为乐，所著《洞天清录》，考证精审，历来为鉴藏家所重。《洞天清录》是一部论古器书画辨别的笔记，书中还介绍了作伪的方法。赵希鹄在序中表达了士大夫收藏古器的情趣享受：

> 尝见前辈诸老先生多畜法书、名画、古琴、旧砚，良
> 以是也……时取古人妙迹，以观鸟篆蜗书、奇峰远水，
> 摩挲钟鼎，亲见商周，端研涌岩泉，焦桐鸣玉佩，不知
> 身居人世所谓享用清福，孰有踰此者乎？②

古器收藏无关于财富积累，清修好古的文化方式才是他们真正的追求。

贾似道的艺术收藏也非常丰富，除了书画之外，还有古铜器、金玉、珍宝等门类。由于贾似道在当时身居高位，有权有势，因此很多趋炎附势之徒都尽心竭力搜求古物珍玩以进献。

南宋时期内府近侍米芾之子米友仁，世称"小米"，也擅长创作和鉴定，如米芾书迹《元日帖》《吾友帖》等都经过米有仁的鉴定。此外，还有宫廷内侍刘瑷也是一位著名的书画鉴藏家，收藏有魏、晋、隋、唐以来的法书名画。

由北宋宫廷和文人士大夫引领的收藏热潮，同样对民间收藏造成了一定的影响。据《东京梦华录》记载，当时京城的贸易中心大相国寺后的集市上就有"书籍玩好图画"的生意场所，由此

---

① [清] 陆心源著，冯惠民整理：《仪顾堂书目题跋汇编》，中华书局，2009 年，第 455 页。
② [宋] 赵希鹄撰，钟翀整理：《洞天清录·序》，大象出版社，2019 年，第 215 页。

可知，宋代的民间书画收藏已十分普遍且昌盛。但是，由于民间收藏缺乏专业的知识和保护措施而导致了部分作品出现误判和损毁的现象。

在民间书画收藏风气日盛的情况下，书画也逐渐成为人们交往馈赠的礼品。但民间私家收藏在流传过程中，由于其子孙可能并无此爱好，会出现收藏散佚的情况。伴随着经济发展，书画私人鉴藏盛行，在供不应求的北宋收藏环境下，一方面滋生了书画作假之风，另一方面也使书画鉴定专家应运而生。宋代的书画著录书较多，如周密（1232—1298 或 1308）《云烟过眼录》和赵希鹄（1170—1242）《洞天清录集》等。

三、元代书画收藏

自宋至明，中间的元朝不过百年，但元还是形成了一定规模的古物收藏。元内府藏品主要接受宋、金内府藏品的基础上进一步搜求补充而得，其数量和质量都相当客观，据《秘书监志》记载："本监所藏俱系金、宋流传，及四方购纳，古书名画，不为少矣。"元内府各时期均设有专门机构和人员对内府所藏进行妥善保管和审定，并设鉴书博士鉴辨书画。经过元朝数代帝王的积累和扩充，至元文宗时，内府收藏达到鼎盛期。他建立奎章阁，设奎章阁学士院，聘著名儒臣任鉴书博士、艺文监少监、群玉内司等官职，掌管书画和古籍古玩的鉴辨工作。著名书画家、鉴赏家柯九思（1290—1343）和虞集（1272—1348）等人均曾任职。柯九思曾被授予"品定书画"的鉴书博士（正五品），负责鉴定内府所藏古物、书画，今知经其鉴定而进入内府的作品有王献之《鸭头丸帖》、虞世南临《兰亭序》、苏轼《寒食帖》等作品。至元顺帝撤奎章阁，建宣文阁，由康里崾崾（1295—1345）主其事，周伯琦（1298—1369）等人任鉴书博士，开展书画鉴别工作。元代的私人收藏较内府活跃，一些士大夫和书画家都喜爱书画鉴藏

图 7 [南宋] 赵伯骕《万松金阙图》，绢本，纵 27.7 厘米，横 135.2 厘米，全卷纵 27.7 厘米，横 235 厘米，故宫博物院藏

活动，如郭天锡（1227—1302）、乔篑成（约 1244—1313）、王芝（约活动于 1290—1310）、鲜于枢（1246—1302）、柯九思（1290—1343）等人，他们既擅书画，又精鉴赏，有的还担任内府的鉴定工作。

女藏家蒙古公主祥哥剌吉的藏品大部分为内府所赐，可列为元代私人收藏之冠。大德十一年（1307），祥哥剌吉被封为"皇妹鲁国大长公主"，她有良好的汉文化修养，以爱好书画收藏著称。元朝至治三年（1323），祥哥剌吉在大都（今北京）城南天庆寺举办了一场雅集，雅集活动中，大长公主将其所藏书画作品供参会人员欣赏和题跋。此次雅集是蒙古皇族参与中国书画艺术鉴赏活动的重要事件。元代官员袁桷（1266—1327）曾撰《鲁国大长公主图画记》，记录大长公主的名迹收藏。现根据收藏印"皇姊图书"印，可追踪其收藏过的法书名画。

元代具有代表性的私人收藏家还有由宋入元的赵孟頫，以及鲜于枢、柯九思、倪瓒、王芝、周密等。赵孟頫 [1]（1254—1322）

---

① [元] 高荣盛、王士点、高企翁：《秘书监志》卷六，台湾文海出版社，1984 年，第 178 页。

不仅是著名的书画创作家还是眼力颇高的鉴藏家，曾为很多元内府收藏的书画名迹进行鉴定。赵孟頫鉴定书画时喜爱题跋，如现藏于故宫博物院的《万松金阙图》（图7），其上并无作者名款，但后纸赵孟頫的题跋将其判定为赵伯骕真迹。

鲜于枢（1246—1302），元代著名书法家，书画收藏家。经他收藏过的书法名迹有唐颜真卿《祭侄文稿》、虞世南《汝南公主墓志铭稿》、冯承素摹《兰亭序》、高闲《草书千字文》残本、韩滉《醉道士图》、杨凝式《夏热帖》和蔡襄《谢御赐书诗表》、米芾《两三日帖》、赵子固《水仙图》等。关于鲜于枢的书画收藏，有两个显著特点：一是收藏的书法作品远远多于绘画作品；二是相较于其他时期，鲜于枢更加钟爱唐代的作品。

此外，生活于宋末元初的周密，精诗文，爱鉴藏。浙西巨富倪瓒（1301—1374），"元四家"之一，他喜爱收藏古物，曾筑"云林堂""清秘阁"用来收藏名物。

元代书画著录不多，主要有周密（1232—1298）《志雅堂杂钞》《云烟过眼录》、汤垕《画鉴》、汤允谟《云烟过眼录续集》等数种。其中《云烟过眼录》记录了王芝、张受益、赵孟頫等三十六人收藏的法书名画，文中提到的作者共有八十四位，作品共计一百三十八件。该著录以私人藏家为主线，为其后明清文人撰写书画著录提供了范本。

第二章 明代书画作品的鉴藏与发展

元代灭亡之后，明王朝接管了元内府所藏的古物珍品。因无具体记载，故藏品数量和种类不详。明代初期，帝王对内府的书画收藏较为重视，除了接管元内府藏品外，还着力搜集流落到民间的古玩书画，以及部分大臣家中的藏品。发展至明宣宗、明宪宗和明孝宗时期，内府收藏已相当可观。但明中叶以后，宦官扰政、朝廷腐败，国库日益亏空。嘉靖时期，朝廷以出售内府藏品来筹集军饷。隆庆、万历时期，朝廷更是借"折俸"之名将内府藏品折价为官员薪资。由此，内府所藏书画逐渐开始流失，皇家收藏能力逐渐变弱。相较于内府收藏，明代的私人收藏则非常活跃，并逐渐胜过之前的时代。明代的私人收藏有两个明显的特点：一是收藏呈现出地域性特征，主要以苏州地区为主；二是徽州商人逐渐成为收藏主体中的重要成员。随着经济发展，徽商开始将目光转向书画市场，从中赚取利润。除此之外，宦官、权贵也在明代书画收藏中占据了重要地位。

明代是中国历史上一个特殊的时期，虽然该时期大多数帝王在位期间，整个皇朝国势不振，发展到明末甚至出现朝政非常黑暗的现象，但明代又是整个社会近世化最为广泛、最为迅速的时期。封建统治逐渐没落，资本主义开始萌芽，商品经济得以迅速发展。由于生产技术的进步，工商业的不断发展，城市规模的持续扩大以及市民阶层的大幅度增长，市民生活成了整个社会注目的中心。明中叶以来，无论从思想变迁、文艺创作还是商业发展等方面来讲，都呈现出一派活跃的气象。作为在文化艺术方面，尤其是随着以沈周、唐寅、文徵明、祝允明为代表的吴门画派的崛起，开启了明代书画创作与收藏的精彩篇章。也是在这一时期私家书画鉴藏与交易活动开始趋于繁荣，成为明代社会文化活动中的重要一环。明代书画鉴藏既有皇室收藏，也有私家收藏，不同收藏主体呈现出不同的收藏特点。

图 8 ［明］王履《华山图册》，纸本，纵 34.5 厘米，横 50.5 厘米，故宫博物院藏

第一节 明代书画的发展概况

明代是中国古代书画艺术史上的一个重要阶段，这个时期的绘画和书法有了很大的发展。继宋元之后，明代书画艺术，无论在艺术风格、创作理论还是鉴赏收藏等各个方面都有了新的发展和演变，形成了新的时代特色。文化艺术随着社会政治经济的逐

渐稳定也变得发达起来，出现了一些以地区为中心的名家与流派。比如绘画就出现了吴门派、松江派、华亭派、苏松派和武林派等，可谓流派纷繁，且各成体系。据郑昶《中国画学全史》统计，明朝画家多达一千三百余人。清初徐沁《明画录》八卷，收录明代画家共八百五十余人。由此可知，发展至明代，从事绘画职业的人数之多，艺事之盛。

明朝历史由盛转衰所经历的早、中、晚三个时期，在美术领域也呈现出了一定的阶段性特征。明代早期的绘画从洪武、永乐到宣德、成化、弘治时期，基本形成三大体系并立的局面。三大体系主要指文人画、院体与浙派绘画。这个时期也出现了很多著名画家，如山水画家王履（1332—？）。明代早期，院体、浙派占据主导地位，明代院体画风格明显，无论是花鸟、山水还是人物，都可以找到两宋院体画的影子。浙派的创立者戴进，技艺全面，号称院体画第一高手。

发展至明中期则由苏州吴门画派取而代之。在这场巨大转变中，来自苏州地区的审美起到了重要作用。元代画家的代表人物如赵孟頫、黄公望、倪瓒、王蒙等人于苏州留下了重要的书画作品，其艺术风格得到了广泛传播。元代文人画风作为地方性传统，在元代灭亡后继续在苏州得以保存。但由于明代早期帝王对苏州在政治与经济方面的限制和束缚，使其难以得到有效的传播，随着明代中后期江南地区在政治、经济方面的全面发展，元代文人画风又再次兴起。

此外，吴门派的崛起与当时、当地的经济状况密不可分，商业的繁荣使苏州地区成为文人聚会最好的场所。值得注意的是，自明中叶以来，文人书画家的创作逐渐从自娱自乐和应酬交往的圈子中走了出来，开始通过直接或者间接的方式，使书画作品流入商品市场，随之也产生了一批职业文人画家。如吴门画派中的唐寅、钱毂、朱朗等人就是靠出售作品为生。虽然文人书画家的作品进入市场是一个缓慢的过程，但是却是随着城市经济的发展而不可逆的潮流趋势。这一新的文化动向，刺激着书画家的创作欲望，也引导着他们以市场为导向，创作出满足大众需求的绘画题材、技巧风格和审美情趣。

到了明晚期，山水、人物、花卉等各种画科都产生了新的变化，也出现了许多著名的画家和画派。其中徐渭（1521—1593）的花鸟画成就非常突出，在山水画方面，则是以董其昌（1555—1636）为中心的正统文人画占据主流。由于每一时期的政治、经济、思想、文化的不同，也让每一阶段的艺术在艺术追求、审美观念等方面呈现出不同的特征。如随着时间的推移，文人画逐渐成为主流、美术中世俗情趣的渗透等。

明代书画事业的繁荣兴盛，使得明内府收藏相当可观，私家收藏也普遍增多。随着人们对书画等艺术品的需求增多，书画作品的伪造与代笔随之兴起。作伪手段也是形形色色，从而给明及以后的书画鉴藏家带来了许多挑战。

一、明代宫廷画派

明代宫廷绘画的隆兴时期是自洪武至成化、弘治年间。宫廷画家的命运直接与帝王好恶联系在一起，他们在题材内容和风格样式等方面的选择很受限制，如人物画要为政教服务、山水画以承继南宋院体画为主。明代皇帝为强化皇权，巩固统治，扼杀了文艺创作的个性和自由。不同的是，该时期的花鸟画面貌多样，无论在工笔重彩、设色没骨还是水墨写意等方面均取得了一定的成就，涌现出了一代名家。

明代的宫廷人物画，则带有很强的御用美术性质，主要服务于政治需求，反映皇室意趣，在题材和风格方面都比较单一，艺术性降低。但也取得了一些成就，带有强烈的时代气息。明代宫

廷人物画偏重写实，造型结构准确精细，立意也非常明确，如诸
多历史故事画、帝后肖像画或臣子进谏图等。但由于所处环境压
抑等因素，宫廷画家在反映人物内心情感方面稍显欠缺，缺乏引
人深思的艺术感染力。明代宫廷人物画主要承继宋代院体画，但
也有其他人物画的传统，如商喜《关羽擒将图》（图9）取法唐代
吴道子，周位《渊明放逸图》宗北宋李公麟白描法。当时最为流
行的还是南宋院体画风，但亦有各仿四家之区别。虽然学习多家
艺术风貌，但明代人物画并未形成新的成熟样式，也并未形成院
体人物画风，总体而言是承继有余，而创新不足。

图9 ［明］商喜《关羽擒将图》，绢本，纵200厘米，横237厘米，故宫博物院藏

明代宫廷的山水画，也呈现出一定的阶段性。明代初期的山水画多承元人余绪，宣德以后画院逐渐兴盛，主要承继宋代院体画风，并出现融南、北宋山水派系于一体的趋向，并形成了具有代表性的院体山水画风格。这一时期，出现了很多著名的宫廷山水画家，如盛著、郭纯、卓迪、朱端、王谔、李在等人。明代院体山水主要继承南宋传统，与两宋院体画精细、凝重、含蓄的风格相比，明代院体则稍显粗率、单薄和外露。但它对后期"浙派""吴派"和后期文人画的产生与发展都有重要影响。

相对于明代宫廷的人物画和山水画，明代宫廷花鸟画取得了引人注目的成就。该时期的花鸟画家自创新格，突破了前代院体，形成了多种风格样式。这些样式对后世画坛产生了重大影响，远远超过了同时期的宫廷人物画和山水画。明代宫廷花鸟画在每一时期都涌现出了具有代表性的画家，如明代早期的边景昭（约1356—1428），他以工笔重彩花鸟著名；宣宗时期的孙隆（生卒年不详）和林良（1436—1487）分别以设色墨骨花鸟画和水墨写意花鸟出名；弘治时期吕纪（1439—1505）则工写兼能，他集边景昭、林良两家之长而又创新格，追随者甚多。明代宫廷花鸟画几乎继承了前代各派花鸟画的传统，又有所发展与创新，其影响是非常深远的。

二、浙派与江夏派

明代前期，出现了三派并峙画坛的现象，分别是由戴进创始的"浙派"、由吴伟建立的"江夏派"和宫廷院体。三者风格虽然不同但又有着千丝万缕的联系，如"浙派"和"江夏派"师承相同，都是学南宋马远、夏圭一派，以水墨苍劲著称，特点是简练、粗劲、富有动感和气势，因此"江夏派"又堪称"浙派"的支派。"浙派"与院体也有紧密联系，"浙派"的代表人物戴进（1388—1462）和吴伟（1459—1508）都曾入宫供奉，绘画风格受到南宋

图 10［明］戴进《关山行旅图》，纸本浅绛，纵 61.8 厘米，横 29.7 厘米，故宫博物院藏

院体的影响，因此，有些史书也将戴、吴视为宫廷画家，将其绘画风格视为院体画风。实际上，"浙派"的大多数画家均是置身院外，以卖画为生的职业画家，他们关注现实，自由洒脱，笔墨趋于放纵，与院体画风大相径庭。因此，"浙派"与院体又不属一派，各有自身的创作特色。

戴进生活于明代"仁宣之治"时期，曾因画艺高超而进入画院，供奉朝廷，后遭人嫉恨。李开先曾在《中麓画品》中记载道："戴进，字文进。宣德、正统时，驰名海内。山水、人物、翎毛、花卉，兼法诸家，晚学纵逸，出畦径，卓然一家……宣庙喜绘事，一时待诏有谢廷循、倪端、石锐、李任，皆妒之。"[1]但好景不长，一生命运坎坷。在入京不遇之后，他融各家之长，创造出了不同凡响的绘画风貌和审美情趣，创立了称誉一时的"浙派"。戴进擅长多种题材，人物、风景、花鸟无所不能且风格多样。其作品《春山积翠图》沿袭了马远的风格，《仿燕文贵山水图》受到了米氏山水画的影响，《关山行旅图》（图10）深受李唐和刘松年画风的影响。戴进的绘画在晚明日臻成熟，从学者众多，不但有其子戴泉、婿王世祥，还有门徒夏芷和夏葵，更有同乡人仲昂、谢宾举、何适等人，如此众多的追随者，不但在社会上产生了重大影响，也形成了一个画派即浙派。

所谓的江夏派，其实是因为吴伟是江夏（今湖北武汉）人。江夏派的命名源于李着。据《明画录》载："李着，字潜夫，号墨湖。江宁人，初从学沈周之门，得其法。时重吴伟人物，乃变而趋时，行笔无所不似，遂成江夏一派。"由此可知，江夏派就是以吴伟为首要，直接师学吴伟，并且受到戴进、马远和夏圭的影响，活跃于江夏一派的画家。戴进之后，吴伟进一步发展了原本雄健豪放之风，并增强了力度、动感和气概。其人物画有两种

①［清］丁丙辑：《武林坊巷志》，浙江古籍出版社，2018年，第5067页。

图 11［南宋］马远《板桥踏雪图》，绢本浅设色，纵 268
厘米，横 79 厘米，台北故宫博物院藏

图 12 [明] 吴伟《问津图》，洒金纸白描，纵 46.3 厘米，横 110.2 厘米，故宫博物院藏

图 13 [明] 吴伟《铁笛图》，纸本白描，纵 32.1 厘米，横 155.4 厘米，上海博物馆藏

风格：一为细致，一为粗犷。《武陵春图》和《问津图》（图12）都属于细致风格；而《柳下读书图》和《铁笛图》（图13）则属于粗犷型。他的画风在当时影响很大，可谓盛极一时，但也滋生出了很多弊端，自此"浙派"开始由盛转衰。之后的画家如张路、蒋嵩、汪肇、李着、郭诩等人主要继承吴伟画风，也有一定的建树。

　　以戴进为代表的浙派、以吴伟为代表的江夏派，以及内府宫廷画家主导了明初画坛的主要风向。但随着后期吴门画派的崛起，浙派和江夏派的没落，画坛出现了重大变化。此外，随着大众对书画艺术热情的持续高涨，明朝晚期还出现了新年画和版画的热潮。

图 14［明］沈周《桃花
书屋图》，纸本设色，
纵 74.5 厘米，横 30.6 厘米，
中国国家博物馆藏

三、苏州吴门画派

苏州古称吴门，是历史悠久的文化古城。明成化至嘉靖时期，吴门地区的一些地方富豪为享受安逸生活，纷纷叠石造园，构建私家园林，讲究服饰器用，对书画等艺术品的追求，也几乎达到了狂热的境地，他们开始收藏法书名画、珍本书籍、古器物等，使得吴门成为各种艺术活动的集中地，因此，"吴门画派"应运而生。吴门画派以沈周（1427—1509）、文徵明（1470—1559）、唐寅（1470—1524）、仇英（1498—1552）为代表。

沈周和文徵明，虽然绘画风格有所不同，但二人均以元四家为宗，提倡文人画传统。沈周技艺全面，在学习前人的基础上，发展了文人水墨写意山水画和花鸟画的表现技法，成为吴门画派的领袖人物，其代表作品有《东庄图》《卧游图》和《盆菊幽赏图》。

文徵明是继沈周之后的画坛盟主，他将明代文人画推向了另一个高峰。文徵明长期隐居，笃志于书画以修身养性，这也是一种理想的文人范式。他广泛吸收和继承古代画家的优良传统，作品风格变化多样。其代表作有《万壑争流图》《古木寒泉图》和《曲港归舟图》等。

唐寅和仇英，虽从南宋院体画起步，但也吸收了文人画之长，形成了自身雅俗共赏的画风，与沈周、文徵明并誉画坛。唐寅在绘画上曾得到沈周指导，但对其影响力更大的则是苏州画师周臣（1460—1535）。周臣在艺术成就上被认为与戴进并称，为吴门画派的先导。唐寅的代表画作有《秋风纨扇图》《落霞孤鹜图》和《山路松声图》等。仇英曾做过漆工，兼画建筑彩画，后转学绘画，也曾师从周臣。他从临摹古画中，广泛地吸取前代画家的技法，画风也注入了雅致的文人气息。其代表作有《莲溪渔隐图》《桃园仙境图》和《松溪横笛图》等。

吴门画派虽属文人画派，但它对市民文化精神却又有着极强

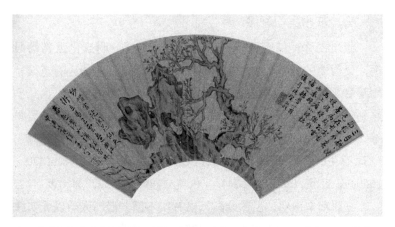

图 15 [明] 文徵明《红杏湖石图》，折扇，洒金纸设色，纵 18.5 厘米，51.5 厘米，故宫博物院藏

图 16 [明] 仇英《水仙腊梅图》，绢本设色，纵 47.5 厘米，横 25 厘米，台北故宫博物院藏

图 17［明］唐寅《陶穀赠词图》，绢本设色，纵 168.8 厘米，横 102.1 厘米，
台北故宫博物院藏

的包容能力，曾经鬻画吴市的唐寅、仇英等人的艺术风格，就足以证明这一点。之后的吴门画派也出现了很多卓有成就的书画家，如文嘉、钱穀、陆治、居节、孙克弘等。吴门画派是一个既有文人画家，又有职业画家、画工的群体。它的出现，既振兴了文人画，又规范了"浙派"末流技法粗陋之习，因此具有重要意义。但到了明代晚期，吴门画派也因缺少创新，泥古不化，走向衰微。

画派的兴起与相互融合，很大原因在于市场占有率迎合世俗品味的考量。郑文认为："吴门画派是中国绘画史上最早一个与商品经济结合得如此紧密，并与商品经济发展相适应的画派。"① 因而他总结道"吴门画家对绘画史的贡献，不是在绘画本体化演进的推动上，而是落实在文人画的普及与流通上，将文人画从金字塔的顶端向其基座普及。"② 只是世俗化以后，雅俗分界的模糊，最终导致了文人画职业商品化的现象。当然，文人绘画艺术商品化以后，也出现了很多问题，如某些作品题材的雷同性、重复性和草率性。更有一些贪财之徒，大量伪作名家书画以欺世牟利，到晚明竟近泛滥之势。

四、董其昌和松江诸派

明晚期，出现了著名书画家和理论家董其昌（1555—1636）。他力图振兴文人画，矫正"浙派"和"吴门画派"的末流之弊。董其昌较为全面地考察了文人画的发展轨迹，在创作上汲取董源、巨然直至元四家、明四家之长，讲究笔墨情趣、形式美感和平淡天真的意境，从而形成了极富文人画韵的新画风。他在理论方面，以禅喻画，从艺术风格和审美观念上，提出了关于山水画的"南

---

① 郑文著：《江南世风的转变与吴门绘画的掘兴》，上海文化出版社，2007 年，第 230 页。

② 郑文：《江南世风的转变与吴门绘画的掘兴》，上海文化出版社，2007 年，第 107 页。

北宗"论。这个理论对后世绘画产生了重大影响。此外，董其昌不仅是晚明著名的书画家，还是著名的书画史论家，其《容台集》《画禅室随笔》《画旨》《画眼》等著作内容散见于一些书画作品的题跋中。他的"南北宗说"，更是集中体现了他的史论观点，成为明代最为重要的文人画学说。

董其昌开创的山水画风，形成了延续至清初的"松江画派"，这一画派也成为当时引导画坛的主流画派。如清初张庚《国朝画征录》载："华亭自董文敏析笔墨之精微，究宋元之同异，六法周行，实在于是。其后士人争慕之，故华亭一派首推艺苑。"[①]此外，同时期还有"武林派"和"嘉兴派"等，这些画派的出现使明代画坛呈现出了新面貌。

松江诸派是指"松江派""华亭派""苏松派"和"云间派"等。这些画派称谓中的地域大都属于同一个地方。松江画派的代表性画家有顾正谊、陈继儒、赵左和沈士充等。这些画派中的代表人物，也大多有师承关系，如顾正谊影响董其昌，赵左又是宋旭的弟子，沈士充又是赵左的高足。他们都学元四家画风，尤其受董其昌山水画风的影响。因此，所谓松江、苏松、华亭和云间四派，其实是异名同实的，可总称为"松江派"，以董其昌为领袖。

武林派的代表人物蓝瑛（1585—1664），性耽山水，好游历，是一位典型的职业画家。他不仅擅长山水，还能画仕女人物、花鸟竹石，是一位技法全面的画家，曾被列为浙派殿军。蓝瑛博采众长，从早年师法黄公望等元人画风，到泛学唐宋诸家，再到创立自身绘画风格。蓝瑛的画风丰富且多变，尤其是花鸟竹石之类，颇具雅致。他成熟后的作品，苍劲沉厚，显示出相当深厚的艺术功底。蓝瑛在当时的钱塘地区颇有声誉，门生甚多。其子蓝孟、

---

① [清] 张庚撰，祁晨越点校：《国朝画征录》，浙江人民美术出版社，2019年，第56页。

图 18［明］董其昌《临倪瓒东岗草堂图》，纸本水墨，纵 87.4 厘米，横 65 厘米，台北故宫博物馆藏

孙蓝深亦善绘事。除此之外，武林派还有刘度、陈璇、王奂、顾星等人，其后的著名画家陈洪绶也曾宗法蓝瑛。

嘉兴派代表人物项圣谟（1597—1658）是与松江画派、武林画派共同鼎峙于明末的优秀画家。他是明末著名书画鉴藏家项元汴之孙，自小受到家庭氛围的熏陶，酷爱书画艺术，无意仕途，明亡后遂决意归隐，致力于书画艺术。但他的创作始终与当时的社会变迁交织在一起，他的部分题画诗反映了社会和时代心声，充满了忧国忧民的情思，这也是他与松江、武林诸画派最大的不同之处。在明代南北宗说盛行时期，项圣谟不受其困，而是采取"转益多师是汝师"的创作态度，"取法宋而取韵于元"。董其昌在跋他 26 岁至 29 岁所作的《画圣》册云："项孔彰此册，乃众美毕臻，树石屋宇，花卉人物，皆与宋人血战，就中山水，又兼元人气韵，虽其天骨自合，要亦功力深至，所谓士气作家俱备。项子京有此文孙，不负好古鉴赏百年食报之胜事矣。"[①] 项圣谟画法不仅严谨周密，还充满了诗情画意，非一般画家可比，在明末画坛上有其独特的艺术表现。

第二节 明代书画收藏与鉴赏的社会背景

据明代陆容（1436—1497）的《菽园杂记》记载，明初，凡是爱好收藏古物彝器、盆景、花木之类的人，都被称之为"爱清"，明中期以后则称之为"清玩"或"清欢"。一个"清"字便使这些带有娱乐性质的活动而变得高雅。发展至明代晚期，这项活动便不再是士大夫的专属。更进一步，可以代表文人士大夫学识修养的书画艺术到明中期已经泛化到整个社会的日常生活当中，以

---

① [明] 董其昌：《容台集·画旨》，邵海清点校，西泠印社出版社，2012 年，第710 页。

钟鼎铭刻、书画法帖、窑玉古玩、文房器具等媒介进行社交或日常生活的点缀等诸多形式开始流行于社会各阶层之中。嘉靖以后，士大夫收藏古董、法书名帖的风气日盛。

当书画鉴藏活动开始兴盛之后，便出现了鉴藏家和好事者两个群体，此时也就需要一些具有丰富经验积累的核心人物即"具眼"，在频繁的雅集与交易活动中来回周旋，从而使得这一活动形式更加深入和长久。此外，相比于科举考试，收藏古代的钟鼎彝器和法书名画，更容易博取利润，进行谋生。清中后期的作家钱泳有云："大约明之士大夫，不以直声廷杖，则以书画名家，此亦一时习气也。"①

一、明代的政治环境

明代初年，朱元璋废除宰相，六部直属皇帝，加强中央集权。朱元璋将其概括为："今我朝罢丞相，设五府、六部、督察院、通政司、大理寺等衙门，分理天下庶务，彼此颉颃，不敢相压，事皆朝廷总之，所以稳当。"②皇帝独揽一切大权，这就是明代的政治特征。中央集权的加强，导致政治上的闭塞和专制，逐渐出现了皇帝荒淫、宦官专权、首辅擅政等诸多问题。这一系列问题加上士人群体的扩大，导致了政治资源的分配不均。无法在仕途上得到发展，成为大多数文人的常态。从万历元年（1573）到崇祯十七年（1644）是明代晚期。此时大明王朝已"气数将尽"，走向没落。天启年间，太监把政，杀戮异己。除了朝臣与宦官之间的矛盾，阁僚之间也相互倾轧。此时，东林党和阉党之间发生了激烈的冲突，两者之间的斗争十分残酷，死伤众多。

晚明书画家就是在这样动荡而又险恶的政治环境中生存下来的。晚明时期，朝纲不振，危机重重，文人士子也不愿再做政治

---

① ［清］钱泳著：《履园丛话》，中华书局，1979 年，第 263 页。
② ［明］陈建著，钱茂伟点校：《皇明通纪》，中华书局，2008 年，第 220 页。

图 19［明］蓝瑛
《仿赵雍溪山听泉
图》，纸本设色，
纵 152.4 厘米，横
73.3 厘米，克利夫
兰艺术博物馆藏

图 20［清］蓝孟《秋林逸居图》，
绢本浅绛，纵 219 厘米，横 68 厘米，
旅顺博物馆藏

的牺牲品，很多文人都称病归隐，这在一定程度上扩大了文人画家的队伍。残酷的政治斗争也悄然改变了艺术家的创作心态和创作目的。他们不再追求作品中体现儒家的伦理道德或礼乐纲常，也不再关心国计民生和社会变化，而是力求自娱自乐和抒发个人情感。

商人阶层在中国传统社会向来不受重视，明代统治者朱元璋也是采取重农抑商的政策。但在利益的驱使下，官商开始勾结，明代士农工商的界限也开始变得模糊。明代致仕的官员大多衣锦还乡，置产建物，过着殷实的物质生活。尤其是江南地区，不仅物产丰富、经济发达，而且文风亦盛。而在野文人与退休官员的来往，不仅有助于提升本身的声誉，更有机会获得商贾的资助。

二、商品经济的发展

明代中后期的政权在不断削弱，但城市经济却快速发展，尤其是江南地区。在古代社会，农业，尤其是粮食作物的生产是社会的根本。江南地区的人口增长迅速，这为农业生产提供了优良的劳动力。与此同时高产量的经济作物也被引进到国内，不仅使单位面积的粮食产量得到了增加，而且使原先不宜种植粮食的土地也变得适宜种植。粮食产量的提高直接催生了经济作物产量的增加。民间的经济作物有棉花、桑树、席草、烟草、茶树等，发达的农业生产奠定了坚实的经济基础，以经济作物为基础的产业也很兴盛，如棉布、丝绸、酒类、油类、草席、纸张等产业也迅速发展起来，从而进一步促进了书籍、玉石器、观赏器物等产品的发展。此外，自隋代开凿运河以来，江南地区遂成为重要的中转中心。交通的便利，也带动了商业和手工业的发展。随着商品生产的扩大，不同地域之间的生产也出现了分工，分工又催生了生产效率的提高。《明史·食货志》中有这样的记载，"苏、松、常、镇、嘉、湖、杭七府，供输甲天下"①。像苏州、杭州、松江、金陵等中心城市，生产力水平日益提高，工商业也得到了前所未有的发展。

明代处于一个社会转型期，尤其是明中叶以后，随着人口的不断增长，农村逐渐商业化，集市贸易也开始兴起，农业和手工业在不断地细化，社会人口流动量也日渐增长。明中叶以后，牢固的等级制度开始解体，人们受到的禁锢逐渐减弱，社会生活也充满了多样性、活泼性和时尚性。尤其是苏州等沿海地区最为典型，呈现出一派繁华的景象。对于此，明人王锜有以下记录：

> 吴中素号繁华……正统、天顺间，余尝入城，咸谓稍复其旧，然尤未盛也。迨成化间，余恒三四年一入，则见其迥若异境，以至于今，愈益繁盛，间檐负辐辏，万瓦甃鳞，城隅濠股，亭馆布列，略无隙地。舆马从盖，壶觞罍盒，交驰于通衢。水巷中，光彩耀目，游山之舫，载妓之舟，鱼贯于绿波朱阁之间，丝竹讴舞与市声相杂。②

从这段记载，也可以看出明代苏州的繁盛之貌。

三、明代的文化背景

有明一代教育自洪武以降，堪称盛事，故史称明初学校极盛。洪武朝自中叶以后，"盖无地而不设之学，无人而不纳之教。庠声序音，重规叠矩，无间于下邑荒徼，山陬海涯。此明代学校之盛，唐、宋以来所不及也"③。这里所说的学校，非仅官办之国子

---

① [清] 张廷玉等撰，中华书局编辑部点校：《明史·食货二》，1974 年，第 1900 页。

② [明] 王锜：《寓园杂记》，中华书局，1984 年，第 42 页。

③ [清] 张廷玉等撰，中华书局编辑部点校：《明史·选举》，中华书局，1974 年，第 1686 页。

监（太学）及府、州、县学，也包含有民间所办学校及私塾教育。明朝自中叶以后，读书人数量增多，授徒为生者也渐多，这也成为科考失利者暂且谋生之途。迨到晚明时期，文化普及程度更高，即所谓"婺人喜读书，虽十家村落，亦有讽诵之声"①。晚明著名文学家张岱称：

> 惟余姚风俗，后生小子，无不读书，及至二十无成，然后习为手艺。故凡百工贱业，其性理、纲鉴，皆全部烂熟，偶问及一事，则人名、官爵、年号、地方枚举之，未尝少错。学问之富，真是两脚书厨，而其无益于文理考校，与彼目不识丁之人无以异也。②

晚明时期，随着读书人的增加，入仕途径也日益艰难，各种赖以谋生的职业，也因此有了更多文化人的加入。随着市镇经济的发展，"学而优则仕"不再是读书人的唯一选择，他们可以经商、教书，做山人、说书人、专业画师、戏曲家等，甚至可以为百工之业。

此外，粮食生产效率的提高和工商业的发展，将一部分剩余劳动力从农业生产中解放了出来，中国古代最重视读书和入仕，于是就诞生了文化阶层。明代的士人群体是超越以往的，尤其以明代中后期的江南地区为甚。陆深曾评论松江："近年文风尤盛，家诗书而户笔墨，秀民贤子弟，起取高科，当显任者，亦可与天下争衡矣。"③张瀚在《松窗梦语》中记载到："我国家英贤辈出，其以道德、功业、文章名世者，代不乏人，而焯焯国史，尤彰明

① 张海鹏、王廷元主编：《明清徽商资料选编》，黄山书社，1985 年，第 41 页。
② ［明］张岱著，李小龙整理：《夜航船·序》，中华书局，2012 年，第 1 页。
③ 《四库提要著录丛书》编纂委员会编：《四库提要著录丛书·集部70》，北京出版社，2010 年，第 243 页。

较著者，往往萃于吾浙。"①另一方面，江南自唐宋以来就是人文荟萃之地，古今许多文人墨客多寓居江南，因此形成喜好文化的风气。尤其是宋代以来，不少精于鉴赏的文人都曾在江南为官或者侨居，譬如苏轼、赵明诚、苏舜钦、米芾等，这也为明代江南地区鉴赏之风的兴盛提供了学统上的浸润。

明代考试制度之行，为其文化之基础，所谓作养士气而成有明一代之士大夫精神，与教育之普及有直接关系。明代流行的科举之风，就主要集中在江南地区的苏州、绍兴及江西等地。究其根源，与这些地区的好学之风有关。在教育水平和教育氛围的营造方面，江南地区比江北地区更加重视。

四、明人思想观念的转变

明代初期，统治者积极推崇儒家思想，用八股取士制度控制士人的思想，从而导致当时的思想文化极度压抑。随着明中后期商品经济的迅速发展，"禅学"与"心学"开始在士人中间盛行，他们不再压抑自己的内心诉求，也不再以"达则兼济天下，穷则独善其身"为自身准则。他们积极寻找身为人的定位、渴望个性解放和对情欲的探索。这种诉求逐渐演变为"尚奇"的文化，他们对新奇人、事、物的接受度大增。言情小说的普及与奢华的物质消费，都是时人与礼教之外，尝试定位自身存在感的展现。

随着当时经济水平的提高，物质生活的富足，人们久被压抑的思想也得到了解放。此时，明人的思想观念开始发生转变。他们不再仅仅满足于基本的物质需求，而是转向了世俗生活的享受和娱乐。在市民文化高涨的社会氛围下，作为传统文化精英的士大夫也在人生追求和生活情趣等方面与前朝有所不同。随着科举仕途的不尽人意，士大夫阶层的心态也渐趋平和。他们不再执着于在朝为官或归隐山林，而是把目光转向了繁华的城市生活。早

---

① [明] 张瀚著，盛冬铃点校：《松窗梦语》，中华书局，1985年，第65页。

在明中期陈献章（1428—1500）就曾提出"山林亦朝室，朝室亦山林"①，卢柟（1507—1560）有诗句"大隐在朝室，何劳避世喧"②，以上都进一步说明了晚明文人士大夫隐居城市的生活理念。他们通过鉴古玩物、弈棋弹琴、结伴出游等清雅的方式来享受日常的世俗生活。

随着市场经济的发达，江南地区逐渐进入城市生活，市民、文人与世俗紧密结合，他们开始彼此影响与碰撞。"商业的繁荣为士人提供了更多谋生途径的选择，士商的互动、商人地位的提高，也在逐渐改变着士人的传统观念。士人不再讳言利，只要'取之有道'，利是应该得到的。"③此时，文人终于承认了艺术的有价性，为了生存必须屈服于现实。从此，职业画家与文人画家不再有那么强的界限，文人画家开始职业化，以适应不同的市场需求。书画在商业领域的流通，为士人的谋生提供了科举之外的另一条出路。

第三节 明代书画作品的收藏概况

明朝开创者朱元璋因其出身背景和自身经历，并不十分重视书画的艺术收藏与鉴赏。宫廷中的鉴赏活动常常具有十分浓厚的政治意味。如朱元璋在观赏过北宋画家李公麟所画的《摹韦偃放牧图》后上写了长篇题跋，感叹"然虽有良骑，无智勇之将，又

---

① [明]陈献章著，陈永正笺校：《陈献章诗编年笺校》，广东人民出版社，2018年，第462页。
② [明]卢柟：《叙隐五首》，见《珂雪斋近集》卷三《书邻渔子册》，上海书店，1986年，第99页。
③ 罗宗强著：《明代后期士人心态研究》，南开大学出版社，2006年，第162页。

何用也？"①。明成祖朱棣在夺取政权之后，常与侍臣赏鉴古玩，官员滕用亨因善鉴古器而获赏识。到了明中期，宣德皇帝表现出对书画的极大兴趣。他常在内府所藏书画或自己所作书画上钤盖"广运之宝""武奠殿宝""宣德秘玩""御府图书""雍熙世人""格物致知"等印玺，其中"广运之宝"通用于宣德、成化、弘治三期。在宣德、成化年间，皇帝还曾数次派太监至民间采集珍异古玩。

明代内府收藏以宣宗、宪宗、孝宗三朝最为丰富，堪与宋宣和、绍兴两朝内府收藏相比。明初宫廷对书画收藏亦十分重视。明中期以后，因皇帝对书画鉴藏没有特别的喜好，致使这些内府收藏逐渐散落民间，促进了民间私人鉴藏的兴盛，从此民间收藏和宫廷收藏并驾齐驱。明初著名收藏家有杨士奇、杨荣和杨溥，史称"三杨"，其中以杨士奇眼力最为精锐。万历之后，大明王朝摇摇欲坠，曾经被纳入政治机构运作体系中的古玩书画，在宦官集团的操控下逐渐失去其本身的文化价值。这些从内府流出的古籍书画，主要流通于苏州、南京、杭州、嘉兴等地区，在摊贩、书斋和僧房等地进行交易，成为具有独立价值的商品。

值得注意的是，由于苏州地区市场经济的发达和书画市场的繁荣，这一地区的私家收藏也十分丰富。其时，著名的有华夏（华氏家族）之真赏斋、文徵明子孙三代之停云馆、项元汴之墨林堂、王世贞兄弟之弇山堂、董其昌之戏鸿堂等。黄琳、沈周、韩世能、莫是龙、陈继儒等亦以书画收藏知名。沈振辉在《明代私人收藏家百例辨析》中列有一百零七位明代藏家的基本情况表，足见当时收藏之风盛行之一斑。

明代文学家陈继儒（1558—1639）曾经将黄省曾对于吴中地区收藏的看法记录下来，黄五岳云：

① [清] 阮元撰，钱伟强、顾大鹏点校：《石渠随笔·李公麟摹韦偃放牧图卷》，浙江人民美术出版社，2019年，第37页。

> 自顾阿瑛好蓄玩器、书画，亦南渡遗风也。至今吴俗
> 权豪家好聚三代铜器、唐宋玉窑器、书画，至有发掘古
> 墓而求者，若陆完神品画累至千卷，王延喆三代铜器万件，
> 数倍于《宣和博古图》所载。①

这一股热闹的收藏风尚，又来自于达官显贵、富商大贾在宴饮歌吹之外，所追求的风雅之风。他们积极地收藏古董、文玩和书画，并频繁地与文人往来，以此彰显自己的身份地位和文化品位。正如卜正民所说："下层的追逐者千方百计地想扩大时髦的范围以便将他们自己也包括进去；上层的制定者则处心积虑要设置新的障碍，不让圈外的人进来。"②

在文人中间，书画还成为人情、互惠和雅债的礼物，成为文人间联系感情、往来赠答的媒介，因此，无论是通过市场进行买卖还是作为媒介进行社交，这些流落于民间的古玩书画仍旧没有脱离作为物质财富的观念。此外，明代书画著录较前代更多，约有二十多种，以朱存理《珊瑚木难》、詹景凤《东图玄览编》和张丑《清河书画舫》最为有名。

一、明代宫廷收藏情况

明代宫廷收藏来源主要分为四种：一是接收元内府书画收藏；二是查抄籍没大臣的家藏；三是时人创作；四是向民间购求搜罗古玩奇珍。

洪武元年（1368），朱元璋命徐达为征虏大将军北伐，于八月攻克了大都（今北京），这次北伐无疑取得了巨大的胜利。黄惇在阐述明代内府收藏时查《明史·太祖本纪》载："（洪武八年）

---

① [明] 杨循吉等著，陈其弟点校：《吴中小志丛刊·吴风录》，广陵书社，2004年，第177页。
② [加] 卜正民著，方骏、王秀丽、罗天佑译：《纵乐的困惑——明代的商业与文化》，广西师范大学出版社，2016年，第249页。

庚午，徐达入元都，封府库图籍，守宫门，禁士卒侵暴。"[1] 元内府收藏全部为明所接收，并未有金人入汴京时烧掠或焚毁的情形。由此可知，元奎章阁、崇文阁中的图籍、宝物以及太常法服、祭器、仪象、版籍等如数运到南京，这也构成了明代皇室收藏的重要部分。

查抄籍没大臣的家藏也是明内府收藏的重要渠道。以嘉靖时权臣严嵩、严世藩父子收藏书画为例，明嘉靖四十四年（1565），首辅严嵩被抄家时，有大量书画古籍流入内府。文嘉《钤山堂书画记》记录了提学宾涯何公檄严氏书画名作有三千余件。之后，另一位首辅张居正病逝后也惨遭抄家，其藏品也充入内府。其他如太监冯保、张诚、客用以及北京富商徐性善等先后被杀头抄家，其古物藏品也尽收皇室。

此外，时人的创作也是明代宫廷收藏的重要来源之一。明代并未设置专门的书画创作机构，只以仁智殿行使画院职能，对画家也无规范的授职制度。

明代宫廷书画收藏的主要保管机构是司礼监，这一机构保管了绝大部分宫廷收藏书画。司礼监是明代宦官十二监之一，位居宦官二十四衙门之首，具有总领宦官诸机构的地位，其最高长官司礼监掌印太监为整个宦官群体之首，另有部分历代帝王、君臣画像由印绶监保管，存放于古今通集库中。宫中书画的整理鉴定和装裱修复均有专人进行，多由宫廷画家等职业匠官来担任这一职务。如永宣时期的著名宫廷画家边景昭永乐初被征召入宫，明成祖置其于"秘府，使区别名画"[2]，除进行绘画创作外，其日常工作的重要内容即是对皇家收藏的大量绘画作品进行鉴定。

明代中叶以后，宫廷书画通过充抵官员俸禄、偷窃等方式大

---

[1] ［清］张廷玉等撰，中华书局编辑部点校：《明史·太祖二》，中华书局，1974 年，第 21 页。

[2] ［明］胡广：《胡文穆公文集》，见《四库全书存目丛书》，齐鲁书社，1997 年，第 6 页。

量流散出宫，但同时也存在一定的补充和回流。明内府收藏的主要流出方式为：一是赏赐给宗藩、大臣；二是"折俸"充当薪金。朱元璋时期曾赏赐大量皇室收藏给宗室，如晋王朱棡、鲁王朱檀、黔宁王沐英家族的收藏中都有不少是来自赏赐。如明太祖第十子鲁王朱檀墓出土的宋人绢本《金画葵花蛱蝶图》纨扇、元人钱选《白莲图并自书诗》卷、宋人绢本《金碧山水》卷等，三幅绘画均钤"典礼纪察司印"印记，应该是朱元璋赏赐朱檀之物。另外，明宣宗也经常将御制书画赏赐给大臣。嘉靖、隆庆、万历朝由于对外战争等因素，财政入不敷出，出现了以内府所藏书画充当俸禄分发的现象。这使得许多内府珍藏书画流向民间，成为私人藏家追求的对象。此外，太监们的偷盗也造成了藏品的散失，如南京皇宫收藏的藏品在明代中后期曾被太监大肆偷盗，北京皇宫一部分藏品也去向成谜。

二、明代私家的收藏情况

1. 宗室、太监的收藏

明代紧紧依附皇权的宗亲勋贵和宫廷太监也有很多古玩书画爱好者，他们广有田庄地产，或通过权钱交易，或通过巧取豪夺，或通过皇室赏赐，集聚了大量书画名品。其中著名的有：晋王朱棡、鲁王朱檀、黔宁王沐英家族和朱希忠、朱希孝兄弟以及成化至正德朝的太监钱能和钱宁、司礼监太监黄赐及其侄子黄琳等人。

黔宁王沐英（1345—1392）是朱元璋的养子，在平定诸夷叛乱后沐家世代镇守云南，世代享誉皇恩。与此同时，朱元璋还将大量法书名画作为奖赏赐予沐府。沐氏子孙虽长期驻扎云南，但在军务闲暇之余，亦有不少文人之好。他们结交江浙挚友，与之饮酒作诗，以画助兴。如沐昂、沐斌、沐璘、沐诚、沐详、沐崑等均留心诗文书画和收藏鉴赏。尤其是沐璘（1431—1458）能诗善画，在现今留存的许多沐氏收藏中都钤盖了鉴藏印"黔宁王子

图 21［元］王振鹏
《瀛海胜景图》，绢本
设色，纵 163.2 厘米，
横 84.7 厘米，台北故
宫博物院藏

子孙孙永保之"。此外,他在《继轩集》中也留下不少诗文题画。沐昂(1379—1445)辑录的《沧海遗珠》中也有大量题画诗。综上,沐氏子孙虽出身武勋世家,但仍爱好书画文艺,不少文集中都录有题画诗。

沐氏家族的书画收藏主要分为三个部分:一是来自内府赏赐的名画珍玩,如李公麟《免胄图》、王振鹏《龙池竞渡图》、郭忠恕《摹辋川图》以及大批留有元代内府收藏印记的宋代团扇;二是沐家出资购藏的作品,如上述晋王朱棡家族的部分收藏后来流入沐氏家族手中,同时盖有两个王府的收藏印;三是沐家收藏的当世画家的作品,如永乐朝内廷供奉画家王绂、石锐、戴进等与沐氏有所往来,有作品被收藏,但存世钤有沐府收藏印的书画作品,却真伪杂糅,部分可疑作品可能是年代较晚的明人所作。

但到了明代后期,沐家的书画收藏不断散失,太监钱能就曾购藏过许多沐氏家族流散出来的书画珍品。现存钤有黔宁王府收藏印的部分书画作品还流出海外,如唐代吴道子水墨画《天龙八部图》、元代王振鹏《龙池竞渡图》临本。这些画卷钤盖多方宋元内府的书画收藏印,应该是来自洪武内府。

朱棡(1358—1398)是朱元璋第三子,他学文于宋濂,学书于杜环,博雅好古,收藏甚富。据统计钤盖"晋府图书""晋府书画之印""晋府奎章"等晋王鉴藏章的存世书画作品至少有三十三幅。其中郭熙《窠石平远图》(图22)等不少于十五幅带有内府收藏"司印"标识的作品,均来自内府,这些或许都是洪武十一年(1378)朱元璋分封晋王时的赏赐。朱棡在世时,曾将钟繇、王羲之帖中个别散逸的字选出,以为刻石流传。晋府子孙世有收藏,其间也有流散出售,其十世孙朱求佳于崇祯年间被治罪,藏品也全部散失。

图22［北宋］郭熙《窠石平远图》（局部），绢本设色，纵120.8厘米，横167.7厘米，故宫博物院藏

朱希忠（1516—1573）、朱希孝（？—约1574）兄弟为怀远县（今属安徽）人，永乐时期成国公后裔。朱希忠在嘉靖十五年（1536）袭爵，朱希孝在隆庆年间曾获得太子太傅荣衔，算是皇室亲贵。他们因为收藏内府流出的书画珍品，号称"书画甲天下"。嘉靖末年，严嵩父子被抄家后的书画珍品收入皇家内府，皇室后来折价发给武官充当年俸，朱氏兄弟就从他们手里购藏。据史料记载："严分宜书画被籍入内府，穆宗时出以充武官世禄。成国公朱希忠以善价得之，后以饷江陵。"① 此外，詹景凤《性理小辨》中也

①［清］厉鹗撰，戴健、曹明升点校：《樊榭山房集·续集》，浙江古籍出版社，2019年，第537页。

记录了内府书画散出的状况：

> 及严氏败没入，时朱成国弟号篛蓭者（朱希孝）性酷嗜古，计欲得之，而世庙（嘉靖）不好书画，朱遂私布其意于中贵，中贵诡请着令朱上价，于是严氏所没入尽归篛蓭。篛蓭因又遣使遍行天下，重价购求。既而张相（张居正）出，权势重于人主，天下士大夫争相购求以悦张相。张相与诸子并酷好异物，四方辐辏。而至张败、篛蓭死，诸名迹复出，落海内好事五六家，如太仓王氏、槜李项氏，皆酷好，又并挟高赏，不惜重价购求，予尽得而寓目焉。[1]

在这次事件中，朱希忠所得最多，他的藏品都盖有"宝善堂"印记，如郭忠恕《越王宫殿》就是先后归严嵩、皇室内府、朱希忠收藏。关于隆庆朝的"书画折俸事件"在董其昌为韩世能收藏的《颜真卿书摩利支天经卷》所作的跋中也有所提及。"朱希孝太尉"，即成国公朱希忠的弟弟就是此次折俸事件的重要人物。朱希孝太尉收购了大量隆庆皇帝用以充当折俸的书画名迹。在他去世后，所得内府收藏开始流落民间，后来部分被韩世能和项元汴购藏，从而大大提升了他们的收藏品级。据詹景凤《詹东图玄览编》记载，朱希忠的收藏还被延陵嵇应科、云间莫是龙、太仓王世懋等人收入囊中。除此之外，万历前期的张居正也收获颇丰。

太监钱能、钱宁父子是成化至正德朝的太监。两人在云南借进贡名义，极力搜罗各种奇珍异宝、字画、古董。太监钱能好赏玩书画，曾花费七千多两银子购买黔宁王沐氏家藏，一些是皇家赏赐给沐家的。成化末年，钱能任南京守备太监时，与太监黄赐都好古物书画收藏，一同猖狂盗取内府书画，其中多为晋、唐、宋物。

---

[1] [明]詹景凤著，刘九庵标点，刘凯整理：《詹氏性理小辨（书画部分）》，上海书画出版社，2020 年，第 310 页。

据史料记载，钱能和黄赐相约每五天一次将藏品抬至公堂中展玩：

> 中有王右军亲笔字，王维雪景，韩滉题扇，惠崇斗牛，
> 韩幹马，黄筌醉锦卷，皆极天下之物。又有小李、大李
> 金碧卷，董、范、臣然等卷，不以为异。苏汉臣、周昉
> 对镜仕女，韩滉班姬题扇，李景高宗瑞应图，壶道文会，
> 黄筌聚禽卷，阎立本锁谏卷，如牛腰书。如顾宠谏松卷、
> 偃松轴，苏、黄、米、蔡各为卷者，不可胜计。挂轴若山
> 水名翰，俱多晋、唐、宋物，元氏不暇论矣。皆神品之物，
> 前后题识钤记具多①。

从上述材料，足以看到钱能收藏之富，非一般人所能企及。

钱能义子钱宁则一路攀附刘瑾，引介番僧、首创豹房，遂成
为正德皇帝的宠臣。《明史》载：

> 钱宁，不知所出，或云镇安人。幼鬻太监钱能家为奴，
> 能嬖之，冒钱姓。能死，推恩家人，得为锦衣百户。正德初，
> 曲事刘瑾，得幸于帝。性猬狡，善射，拓左右弓。帝喜，
> 赐国姓，为义子，传升锦衣千户。瑾败，以计免，历指
> 挥使，掌南镇抚司。累迁左都督，掌锦衣卫事，典诏狱，
> 言无不听，其名刺自称皇庶子。②

钱宁继承了其义父钱能的附庸风雅，也致力于购藏古籍书画。
后因犯下勾结叛乱之罪而遭处死和抄没家产，当时在钱家抄没了
大量黄金、白银、珍珠、书画等珍品。虽然钱宁所藏书画的具体
数量无法得知，但从现存画作钤盖的"钱氏素轩书画之记""钱

---

① [明] 陈洪谟撰，盛冬铃点校：《治世余闻》，中华书局，1985 年，第 44 页。
② [清] 张廷玉等撰，中华书局编辑部点校：《明史·佞幸》，中华书局，1974 年，
第 7890—7891 页。

氏合缝鼎印""素轩清玩珍宝"等印章，可知其收藏颇多，当然可能多是从其父那里继承而来。

宪宗朝太监黄赐，福建延平（今福建南平）人，曾是明朝宦官首要机构司礼监的核心人物。司礼监权力极大，主要负责皇帝文书。司礼监下设有"书籍名画等库掌司"，黄赐担任司礼监要职，主要掌管宫中古籍名画。因此，黄赐应有机会接触到内府的这些珍贵藏品。1477 年，黄赐在与太监汪直的争斗中失败而被调往南京任南都守备太监，1483 年汪直失势后，他重新获得权势与财富。黄赐和汪直的藏品主要来自孝宗以及云南黔国公沐琮的大量赏赐。到了弘治年间（1488—1505），黄赐不断搜罗法书名画，收获颇丰。他死后，这些收藏都流传到他侄子黄琳手中。

黄琳长居南京，与当时的文人学士和书画家交好，在当时享有较高的声望，是一位重要的书画收藏家。明末著名书画鉴藏家董其昌对黄琳也极尽赞美之情，他在题跋宋末米友仁（1075—1153）《五州图》时云："（此画）本黄美之所藏，收藏赏鉴，为一时最。"①传为明代都穆所著《铁珊瑚网》中也提到过黄琳的艺术收藏，但到后期其书画收藏也难逃散佚的命运："（黄赐）收藏之盛，一时罕俦，今皆散佚矣。"②经他收藏的有王维《伏生授书图》、米芾《草书九帖》、李嵩《寒林聚雁图》等。黄琳还有几件书法藏品被刻入了由文徵明撰集，文彭和文嘉摹勒的《停云馆帖》中。黄氏收藏是江南文士得以观摩内府和贵族珍藏书画的重要渠道。当时很多文人名士都与黄琳有所往来，如祝允明以及吴门著名鉴赏家都穆。黄琳之后，逐渐为江南巨富项元汴收藏，还有几件作品被书画家张孝思所藏。

---

① [明]董其昌撰，李善强辑：《董其昌著述序跋辑佚》，上海书画出版社，2013 年，第 359 页。
② 张小庄、陈期凡编著：《明代笔记日记绘画史料汇编》，上海书画出版社，2019 年，第 349 页。

图 23［唐］王维（传）《伏生授经图》，绢本设色，纵 25.4 厘米，横 44.7 厘米，大阪市立美术馆藏

　　黄赐和黄琳生活的年代正是明代画院由盛转衰的开始。两人藏品在江南地区的显晦、存佚，反映了从宦官到文人的艺术传播与变迁，这背后暗藏着从北京到南京、从宫廷到民间的线索，贯穿身份和场域的流变，非常值得做进一步探究。

　　2. 朝廷大臣的收藏

　　（1）严嵩父子的书画收藏活动

　　明中期，收藏风气的兴盛大致与当时政治承平、书画真迹的出现及流通有很大关系。大量书画真迹由宫中内府收藏在明中、晚期渐渐流散到民间，这也是当时真迹大量出现的主要原因。书画真迹的大量出现与集中，和当时权相严嵩大量搜集古玩书画有关，严嵩曾派人到各地去收购书画。据吴允嘉《天水冰山录》、文嘉《钤山堂书画记》记载，在查抄严嵩家产时的目录上，有石刻、法帖、墨迹类三百五十八轴（册），古今名画手卷、册页类凡三千二百零一轴（卷、册）。由此可见，严嵩的书画收藏数量远远超过明代皇家内府的收藏。其藏品后来多成为江南收藏家韩世能和项元汴的藏品。^①有许多典籍中记载了严嵩所藏书画被籍没入宫的情形，现节录如下：

> 《越王宫殿图卷》，郭忠恕画，曾入严分宜家，其后籍没。朱节庵国公以折俸得之，流传至董玄宰处。其长三丈有余，皆没骨山也。^②
>
> 《争坐位帖》在永兴安师文家，安氏析居，分而为二，人多见其前段。师文后乃并得之，相继入内府。今前段至"菩提寺行香"止，为项德新所藏。^③
>
> 怀素《自叙帖》真迹，嘉兴项氏以六百金购之朱锦衣家。朱得之内府，盖严分宜物没入大内，后给侯伯为月俸，朱太尉希孝旋收之。^④

严嵩父子收藏的书画名品籍没内府后，再由内府辗转流入民间，这和当时官员薪资以书画折俸（或称代禄）的给付方式有关。明代中期以后，由于国库空虚，内府收藏的书画以折俸的方式转入到各个官员手中，但是得到书画的官员不见得都喜爱和收藏书画，于是他们又将书画转卖折现。因此明内府书画又于万历年间在民间大量流通。

（2）韩世能的书画收藏活动

韩世能（1528—1598），字存良，别号敬堂，苏州府长洲县（今江苏苏州）人，郡望南阳（今属河南）。他是隆庆年间的进士，官至礼部左侍郎兼翰林院侍读学士。韩世能家中所藏法书名画甚多，又精于鉴赏，著有《云东拾草》十四卷。万历中，张居正所

---

① ［明］沈德符：《万历野获编》，中华书局，1959年，第211—212页。

② ［明］张丑撰：《清河书画舫》，上海古籍出版社，1991年，第264页。

③ ［明］董其昌撰，印晓峰点校：《画禅室随笔》，华东师范大学出版社，2012年，第13页。

④ ［清］倪涛编，钱伟强等点校：《六艺之一录》，浙江人民美术出版社，2015年，第7770页。

藏书画被籍没入官后，不过数年就被掌库宦官盗出售，当时的收藏大家韩世能、项元汴等人就多有购藏：

> 未几张败，又遭籍没入官。不数年，为掌库宦官盗出
> 售之，一时好事者如韩敬堂太史、项太学墨林辈争购之，
> 所蓄皆精绝。其时值尚廉，迨至今日，不啻什佰之矣。①

韩世能的书画藏品，部分还来自隆庆朝的"书画折俸事件"。此外，韩世能在家乡苏州也积极搜罗民间书画名迹，其中不少就来自张丑家族。之后，通过多方搜购，韩世能终成巨富。结合史料可知，韩世能曾收藏过王羲之《寒切帖》、孙过庭《书谱》、柳公权《蒙诏帖》（图24）、阎立本《西旅贡獒图》、周昉《挥扇仕女图》（图25）和陆机《平复帖》等。他亦善书，存世有《楷书临黄庭内景经》。韩世能死后，所藏内府书画皆散落人间。韩世能很少在书画作品上留下题跋，一般只是钤盖印章。其鉴藏印记有"韩世能印""韩仲子氏""宗伯学士之印"等。

韩世能还与当时的很多收藏家关系交好，这对他产生了深远的影响，如詹景凤、董其昌以及张丑等人。韩世能的书画收藏对董其昌的影响极大，董其昌能够成为明代的鉴定巨眼，与在韩世能丰富的书画宝库中学习与鉴赏的经历密不可分。继韩世能之后，其长子韩逢禧（1576—1655）是其书画收藏的主要继承人。韩逢禧虽然也着力于书画购藏，但已不复其父在世时的辉煌，韩家的藏品也逐渐散失。

值得一提的是，元末明初，因多种原因导致文士涌入梵林，僧团势力庞大，僧侣也进一步参与到书画鉴藏活动中来。如雪堂雅集、天庆寺雅集、清香诗会、玄沙寺雅集等颇具代表。相较于

---

① 张小庄、陈期凡编著：《明代笔记日记绘画史料汇编·万历野获编》，上海书画出版社，2019年，第529页。

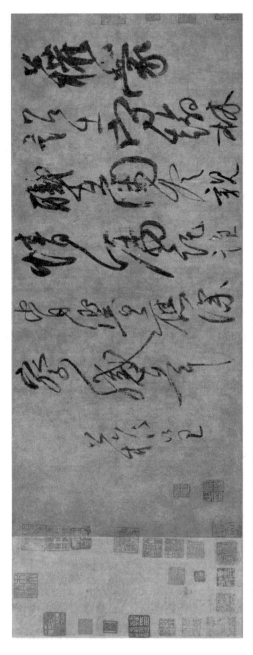

图 24 [唐] 柳公权《蒙诏帖》，纸本墨书，纵 26.8 厘米，横 57.4 厘米，故宫博物院藏

图 25［唐］周昉（传）《挥扇仕女图》，绢本设色，纵 33.7 厘米，横 204.8 厘米，
故宫博物院藏

前代与后代，元末与明初的僧侣社会政治地位突出，并享有多种
特权，这为他们参与书画鉴藏活动提供了身份光环。

综上所述，在收藏界占据主流地位的依然是文人收藏家、巨
商大贾和地主豪绅。明中叶以后，随着徽商的崛起，他们对书画
文玩之购藏热情确实比江南旧家有过之而无不及。

3. 文人的书画收藏活动

明代中期成化（1465—1487）始，不光国家经济、制度渐稳，
消费群体也从单一的官宦扩大到乡望、富商及普通百姓。近人沈
振辉《明代私人收藏家百例辨析》一文，认为中晚明书画收藏风
尚兴盛，喜爱书画收藏的人数众多。由于明代收藏家主要集中于
江浙一带，因此文章也偏重于叙述江南区域的收藏家。沈氏统计
了明代的一百零七位私人收藏家，发现其中一百人生活年代为进
入成化之后的明中后期，而其中江浙地区便占了八十七人，显示
中晚明江浙地区收藏风尚的兴盛。① 从明初藩王、官员、权贵作为
书画收藏主体，到明中期苏州和无锡地区收藏家的兴盛，再到后

----

① 沈振辉：《明代私人收藏家百例辨析》，《东南文化》，1999 年 2 期，第 103—112 页。

来嘉兴收藏群体的崛起，书画收藏中心在不断地发生转移。

江浙地区书画家和收藏家的地域分布呈现出相当一致的现象。徐沁《明画录》收录画家约八百人，江苏约占三百七十人，其中苏州约一百五十人，南京约七十人，松江约五十人，常熟、太仓约各三十人。[①]明代苏州收藏家最多，画家也最多。收藏家与书画家结缘，可以更好地出售自己的作品，用售画的收入来丰富自己的藏品。由于书画家有着较为丰富的书画鉴别能力，往往能成为收藏家中富有识见、藏品卓著者。兼具收藏家和书画家双重身份的文人占了绝大多数，如董其昌、沈周、文徵明父子、祝允明、唐寅、徐有贞等人[②]。苏州地区的收藏家最为集中，相互间有着许多师徒、世谊、姻娅、眷属等密切关系，形成了明代最大的地域性收藏家群体。像文徵明的文氏家族这样的收藏世家在当时也有不少，成为苏南、浙江地区突出的人文景观。[③]

---

① 沈振辉：《明代私人收藏家百例辨析》，《东南文化》，1999 年 2 期，第 103—112 页。
② 沈振辉：《明代私人收藏家百例辨析》，《东南文化》，1999 年 2 期，第 103—112 页。
③ 沈振辉：《明代私人收藏家百例辨析》，《东南文化》，1999 年 2 期，第 103—112 页。

图 26［晋］顾恺之《女史箴图》（局部），绢本设色，纵 24.8 厘米，横 348.2 厘米，
大英博物馆藏

明代中期以后民间收藏风气盛行，从达官显贵、豪门富户到一
般的士子、商人、医生等都热衷此事。前者如严嵩、韩逢禧、华夏、
韩世能、项元汴、陆完、王延喆、王世贞、董其昌、钱谦益等或
富或贵，无不竭力收集古代书画、彝器等。后者如中产之家长洲
人邢量行医兼占卜，其族孙邢则参以教书谋生，但两人都酷爱收
藏，乃至明末松江城中"至如极小之户、极贫之弄，住房一间者，
必有金漆桌椅、名画古炉、花瓶茶具，而铺设整齐"①。

（1）项元汴的书画鉴藏

秀水项元汴（1525—1590），字子京，号墨林居士、退密斋主人、
香岩居士等，明代嘉兴人，历嘉靖、隆庆、万历三朝，是晚明时
期著名的书画鉴藏家。他喜好搜藏，年逾三十五便以体弱多病为由，
弃举子业，"日惟酬花赏月，寻山问水。所藏法书名画极一时之盛，
品骘古今，评论真赝，以天籁阁、项墨林印记识之。"②。根据文

① ［清］姚廷遴：《历年记》稿本，见《清代日记汇抄》，上海人民出版社，1982 年，
　第 59 页。
② 邓子勉编：《明词话全编·项元汴辑词话》，凤凰出版社，2012 年，第 1374 页。

献记载，项元汴收藏了很多名贵字画：

> 　　项氏所藏，如顾恺之《女箴图》、阎立本《齿风图》、
> 王摩诘《江山图》，皆绝世无价之宝。至李思训以下，小
> 幅不知其数，观者累月不能尽也。其它墨迹及古彝鼎尤多。
> 其人累世富厚，不惜重赏以购，故江南故家宝藏皆入其手。
> 至其纤啬鄙吝，世间所无。且家中广收书画而外，逐刀锥
> 之利，牙签会计，日夜不得休息，若两截人然，尤可怪也。
> 近来亦闻颇散失矣。[①]

　　现存于各地的美术馆或博物馆，凡是卷首钤"天籁阁墨林""天
籁阁"或"项子京珍藏"等收藏印者，都是项元汴的收藏。

　　项元汴善于经商，这也为其书画收藏积累了丰厚的物质资产。
据王世贞记载：

---

① 张小庄、陈期凡编著：《明代笔记日记绘画史料汇编》，上海书画出版社，2019 年，
第 498 页。

> （严世藩）尝与所厚客，屈指天下富家，居首等者，
> 凡十七家……积赀满五十万以上，方居首等。前是，无
> 锡有邹望者，将百万；安国者，过五十万。今，吴兴董
> 尚书家过百万，嘉兴项氏将百万。项之金银、古玩实胜董，
> 田宅、典库赀产，不如耳。①

项元汴虽然资产丰厚，但为人节俭，不喜奢侈。其藏品的主要来源有：出资购买、继承家族遗产中的古董珍玩、人情交换、接受馈赠和占有典当的抵押物等几种形式。项元汴收藏主要以宋、元文人画家为主，往前追溯，则是唐代及六朝、晋代的藏品。

项元汴的众多藏品，首先是通过古肆或集市等藏品交易场所进行购买，或通过藏家之间的转让和互购所得。彼此间的相互交换，是收藏圈中最为常见的藏品流通方式之一。随着商品经济的发展与渗透，书画交易很快成为文人士大夫之间交往的一项重要内容。当遇到他们心仪的书画藏品，却还是不会如市井商人般讨价还价，或直接购求，而是委托买卖双方都认同、在业界具有较高信誉的中介人帮忙代购。据《文三桥与墨林十九札》载："四十之数，亦非少初本意，缘本主不定耳。今以物往，可有成云之理，亦少初要成交故也。五月亦无不可。谨此奉复。彭顿首墨林尊兄。"②从信札内容来看，文徵明之子文彭与"少初"进行议价，就充当了两者的中介人这一角色。项元汴的藏品还有部分是继承家族遗产所得。此外，在明代中晚期，文人士大夫经常会参加由名士或富商召集的文会、雅集。活动中流行以自创诗文书画酬唱对答或互赠书画藏品，项元汴亦参与其中。项元汴所居天籁阁不

---

① 连冕等编著：《天水冰山录·钤山堂书画记标校》，三秦出版社，2017 年，第 757—758 页。

② [清] 倪涛编，钱伟强等点校：《六艺之一录》，浙江人民美术出版社，2015 年，第 8126 页。

图 27［北宋］文同《墨竹图》，绢本水墨，纵 131.6 厘米，横 105.3 厘米，带跋纵 165.78 厘米，横 105.3 厘米，台北故宫博物院

仅是收藏古物书画的地点，还是一间进行盈利的当铺。如朱彝尊《书万岁通天帖旧事》载，"季弟子京，以善治生产富，能鉴别古人书画。所居天籁阁，海内珍异十九归之。"[①]又见《妮古录》："宋高宗手书《龙王敕》，向在三塔寺，寺僧信大源质项子京家。"[②]由此可知，项元汴的部分藏品还通过接受馈赠和占有典当的抵押物构成。

然而到了南明弘光元年（1645），清军南下，同年入嘉兴，项家亦遭受劫难，藏品尽失。明末清初藏书家姜绍书在其《韵石斋笔谈》中记载："然乙酉岁，大兵至嘉禾，项氏累世之藏，尽为千夫长汪六水所掠，荡然无遗。"[③]至此，项元汴毕生所藏尽散，天籁阁亦不复存在，其后代也未能重振家业。

（2）文徵明家族的书画鉴藏

文徵明（1470—1559）原名壁（或作璧），字徵明，"吴门四家"之一，明代著名书画家和鉴藏家。文家先辈世以武胄相承，真正业儒事文应从文徵明的曾祖父文惠开始，尤以其父文林、叔父文森高中进士为转折点。文家的收藏当始自文徵明的祖父文洪，以及父辈文林和文森，其时间约在十五世纪中晚期至十六世纪初期，但都不成规模。自文洪开始，文家的收藏习尚一直延续到文徵明的曾孙辈，构建了一个前后延续六代人计约二百余年的收藏世家。文徵明不仅勤于研习书画，而且经常参与书画鉴藏的实践活动。

尽管文徵明的书画藏品没有详细记录，但他在《甫田集》以及同代人的集子中都有所提及，特别是他的次子文嘉在其所著录的《钤山堂书画记》中，对文徵明昔日的家藏大多都有所点评。

① ［清］吴伟业撰，［清］程穆衡原笺，［清］杨学沆补注，张耕点校：《吴梅村诗集笺注》，中华书局，2020 年，第 121—122 页。
② ［清］倪涛编，钱伟强等点校：《六艺之一录》，浙江人民美术出版社，2015 年，第 6103 页。
③ 莫伯骥著，曾贻芬整理：《五十万卷楼群书跋文》，中华书局，2019 年，第 38 页。

据不完全统计，文徵明对历代书画作品的收藏多达七八十幅，如王羲之《平安帖》、王献之《东山松帖》（唐摹本），怀素《大书草书千字文》、孙过庭《书谱》、欧阳修《付书局帖》以及苏轼《前赤壁帖》等。此外，还有鲜于枢札、张雨札、沈澄札、吴宽《大书一卷》、祝允明《小楷和陶饮酒二十首》、文同《画竹卷》、杨无咎《四梅图卷》、马远《松泉图卷》和倪瓒《溪山图》等名作。

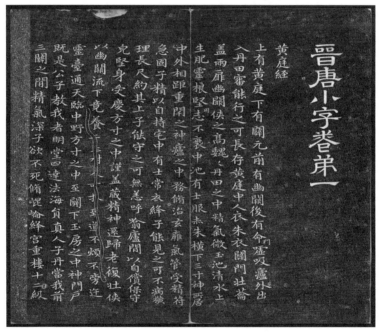

图 28 ［明］文徵明《停云馆帖十二卷》（1 卷），纸本册页，每页纵 27.4 厘米，横 13.3 厘米，哈佛大学图书馆藏

文家收藏书画具有十分明显的临摹、学习意图，几乎无射利动机，这一点尤以文徵明为甚。文徵明常用的藏印有"文壁印""文

徵明""文徵明印""文壁徵明""衡山""徵仲""玉兰堂""梅溪精舍""停云""停云馆""竹坞""江左""玉磬山房""惟庚寅吾以降"等。停云馆储藏了文徵明收藏的大量书画作品。《停云馆帖》是文徵明所写的一本书画著录，该书内容极其丰富，共计十一卷。除此之外，《停云馆帖》还记载了文徵明自己的藏品以及沈周和李应祯等人的墨迹。文徵明死后，其子孙又将他的小楷《黄庭经》和行书《西苑诗》收录进去。《停云馆帖》（图 28）是书画鉴赏方面难得的著录。

但据史料记载，文家似乎也参与一些书画造假活动。文徵明的两个儿子文彭（1498—1573）、文嘉（1501—1583）均继承家风和其父的鉴定专长。文彭、文嘉两兄弟均精于古籍善本之鉴定。据清人钱遵王《读书敏求记》云："项墨林每遇宋刻，即邀文氏二承鉴之，故藏书皆精妙绝伦。"可惜的是，在文徵明去世后，苏州并没有出现一位像他兼书画、诗文、鉴藏于一体的文坛领袖继承者。

明代的收藏群体颇为庞大，藏家多、市场活跃、交流频繁，还出现了固定的书画市场和中间商。

（3）孙承泽的书画收藏

孙承泽（1593—1676），字耳伯、耳北、四仁，号北海，又号北平、退谷、都门老人等。孙承泽生活在明清两代交迭之际，是明末清初最重要的收藏家之一。他的许多收藏成为清初及其后众多收藏家的重要收藏品，如梁清标、安岐等人部分的藏品就来自孙承泽。孙承泽的重要书画收藏著录《庚子销夏记》，完成于顺治十七年（1660），记录其所收藏和曾经寓目的三百二十四件书画作品，其中包括法书墨迹和碑帖拓本等艺术作品。孙承泽的收藏来源主要有四个，一是朝廷赏赐；二是书画商人上门销售；三是购买；四是藏家间的藏品流通。虽然孙承泽的《庚子销夏记》

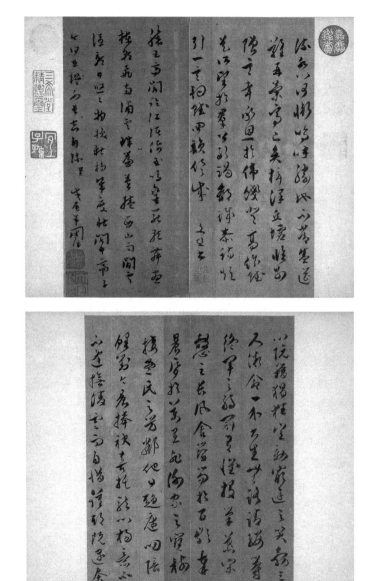

图 29 ［明］文彭《滕文阁序册》，纸本墨书，纵 29 厘米，横 220.9，台北故宫博物院藏

并没有直接提到过朝廷赏赐，但通过一些同时期的收藏家，和像孙承泽一样投靠清廷的士大夫的记录可以推测出，为了促进君臣关系，朝廷经常以内府收藏进行赏赐，这些赏赐品就包括许多备受士大夫欢迎的法书名画。而关于书画商人上门销售的记载，在孙承泽的《庚子销夏记》中也有所体现：

> 时贾人索价甚昂，余与子朴极力搜措，衣物一时俱罄。盖恐市贾图利分析售之，使此奇宝无复珠联璧合之日，非为一人耽清玩也。①

从上述文献记载也可以大致探求出孙承泽当时购买文玩的经济状况。从孙承泽经常采用以物易物的方式换取藏品可知，其经济状况并非十分宽裕。

朝代更迭，清军南下，江南地区也受到了重大影响，导致南方经济被大范围破坏，收藏中心也发生了由南向北的转移，这期间就有大量藏品流向北方。孙承泽从南征之兵手中所购得的倪瓒《狮子林图》就是这一背景下的实例。孙承泽获得藏品的另一途径即通过藏家间的流通，如《庚子销夏记》卷六《李邕云麾将军李思训碑》条载：

> 宋以前搨本，旧藏京师李贡士家，为赵文敏故物，其题签乃手书也。崇祯辛未，李贡士携以相赠。②

又如《颜真卿麻姑仙坛记》条载：

---

① ［清］孙承泽撰，白云波、古玉清点校：《庚子销夏记》，浙江人民美术出版社，2019 年，第 87—88 页。

② ［清］孙承泽撰，白云波、古玉清点校：《庚子销夏记》，浙江人民美术出版社，2019 年，第 140 页。

图 30 [明] 文嘉《仿董源山水图》，纸本水墨，纵 155 厘米，横 71.3 厘米，故宫博物院藏

宋搨《大观帖》有黄白纸二种。所见不一，而黄纸者
止见一部，字法精妙，宛如手书，乃徽宗赐宰相余深者。
予初从市贾得二本，于江右李梅公得二本，莱阳左旦明
得二本，浙江张尔唯得一本，宝坻曹子固得一本。第一
本在以盐换烂纸者担头，吴太和收之。余数四购求不与，
后以银酒卮十件易得，止缺第九本。闻杭州姜汇思有此本，
虽非黄纸者，然系初搨。①

关于孙承泽的收藏印记，在流传至今的书画作品中仍可见到
二十余方。目前所见姓名章有七种：孙氏、孙承泽印（五种）、承泽。
隐居西山退谷后所用的收藏印记有八种：深山闭户、退翁（二种）、
退谷、退谷老人、退谷逸叟、八十一翁、八十二翁。孙承泽在自
己喜欢的书画上，多作题跋，叙之流传或记之由来，抑或抒发感慨。
这也为作品的流传提供了重要的历史证据。

（4）安国的书画鉴藏

安国（1481—1534），字民泰，自号桂坡，今江苏无锡人，
明代著名艺术鉴赏家、藏书家和出版家。他出生于无锡胶山，后
通过经商而成巨富，人称"安百万"。安国喜读书、著书、藏书，
更不惜重金刻书，是当时最著名的出版家。他好聚古金石书画，
购异书，筑"天香楼"储之，其藏品数量庞大、名迹荟萃。今传
世之宋、元善本碑帖，不少即出于其家，如《石鼓文》三宋本。
安国对于自己能够拥有稀世石鼓文拓本，非常自豪，遂将其天香
堂的东厢房命名为"十鼓斋"。"吴门四家"之沈周、文徵明两
位书画大家，都曾应邀到他家做客，为其藏品鉴定题跋，亦作精
品相赠。安国收藏极富，但遗憾的是没有留下任何藏品著录。

安国《北游记》记其北游中原时不断收进字画，以致返归时"图

---

① [清]孙承泽撰，白云波、古玉清点校：《庚子销夏记》，浙江人民美术出版社，
  2019年，第90页。

籍盈载，殆不异于米舫。"由此也可见其收藏购数量之多。此外，安国还是无锡重要的铜活字印书之家，他所刊印的活字铜板书籍有记录的有十几种，如：

> 正德十六年（1521）印《东光县志》六卷
> 嘉靖二年（1523）印《颜鲁公集》十五卷、《补遗》
> 一卷、《年谱》一卷、《附录》一卷。
> 嘉靖三年（1524）印《吴中水利志》十七卷。

此外，安国还有很多的木刻本。

就古书画收藏的数量与质量两方面而言，安国家族确实不能与同时期的项元汴家族和华夏家族同日而语，但安国收藏的历代名迹也对书法创作活动产生了深远影响。安家的书画收藏活动主要集中安国生活的早期，随着其后安氏家族的衰败，收藏规模也日益缩小。

安国的书画藏品主要来自于苏州地区的文人藏家，这些藏家多为朝廷旧臣或书画名家，他们直接影响了安国的收藏趣味。其藏品特色表现为：追远尚古、推崇晋唐、喜好书札，周秦石刻拓本也是安国收藏特色之一。安国收藏印甚多，如"桂坡安国赏鉴印""安国锡山宝藏""胶阳安氏珍玩"等。

（5）华云、华夏的书画鉴藏

无锡华氏最为人所津津乐道便是其家族收藏文化。华氏子孙绵延下来，至明代已不下百支，尤其是通四支第十七世孙华夏（1494—1567），时称"江东巨眼"。华夏作为收藏家，所藏的珍品得到了时人的赏识。从书画鉴藏方面来讲，华氏家族中除了华夏，华珵和华云两位也十分有名。华珵（1438—1514），字汝德，号尚古生，善鉴别古奇器和法书名画，又喜聚书，其"尚古斋"藏书甚富。文徵明与华氏家族渊源颇深，曾为吴宽所撰《华孝子祠岁祀祝文》作跋。华氏成员中与文徵明来往最为频繁的是华夏和华云，两人与文徵明的友谊基于他们对书画鉴藏的共同爱好。而华珵与文徵明的相识，则源于沈周。

华麟祥之子华云（1488—1560），字从龙，号补庵，嘉靖二十年（1541）进士。他从少时便天资凛然，不论是仕途科举，还是文艺创作，抑或是书画鉴藏方面等都取得了极大的成就。嘉靖二十七年（1548），华云辞官回家，建庄园，筑读书堂，收藏名人字画，据《无锡金匮县志》称："一时往来翰墨，几甲于江左。"华云所交游者都是当时有名的文士，留下书墨较多。据文献所知，华云的别业应当有两处，即"菰川庄"和"真休园"。"菰川庄"内分布着多处建筑，其中收藏书画的有"剑光阁""水心亭"和"真休园"。华云虽世代富贵，生活却极为朴素。正德五年（1510），唐寅在"剑光阁"为华云绘制《白居易诗意册四十幅》，王阳明看后赞叹不已。华云构建的绿筠窝别墅，藏品琳琅、满床书画。华云的收藏主要分为四大类：一是宋元书画，多为名家精品巨迹；二是同时代名家书画作品；三是拓本帖石；四是家族文献。华云收藏不为名利，低调有度，是一位真正意义上的收藏家。

华云曾收藏过巨然《治平寺图卷》、马远《晴江归棹图》、陈居中《松泉高士图》、赵孟𫖯《天冠山诗》等作品。在与文徵明的交往过程中，华云的书画鉴赏能力也不断得到提升。何良俊曾前往华云家观赏书画，记录下不少他的藏品。他对华云的鉴赏能力深感钦佩：

> 余见三吴人自衡山而下惟华补庵为近之，盖由其素与衡山父子游处，渐摩日久，不觉自化，乃知朋友相规之益，信不虚矣。①

---

① [清] 倪涛编，钱伟强等点校：《六艺之一录》，浙江人民美术出版社，2015年，第 7751 页。

何良俊在提及鉴赏之道时，认为当时能够真正通晓此道的唯有文徵明与华云两人而已。

华夏（1494—1567），字中甫，号东沙子、东沙居士，是华氏家族中最为著名、最富有收藏眼光的收藏家。他自弱冠时就酷爱收藏，鉴赏能力极强，被称为"江东巨眼"。华夏之所以能大量收藏法书名画，是因其富饶的家底作为支撑。他在太湖边修建书房"真赏斋"，搜藏绘画、法书、鼎彝甚富，专精于鉴别，文徵明曾为其创作《真赏斋图》（上海博物馆藏）。此外，华夏还在文徵明父子的帮助下，将家中收藏的书法珍品，编刻成《真赏斋帖》（中国国家博物馆藏）。文徵明在其《真赏斋铭》一文中说到：

> 真赏斋者，吾友华中甫氏藏图书之室也，中甫端靖喜学，尤喜古法书图画、古金石刻及鼎彝器物。家本厚温，蓄畜所入，足以裕欲，而君于声色、服用一不留意，而惟图史之癖。精鉴博识……然今江南收藏之家，岂无富于君者？而真赝杂出，精驳间存，不过夸示文物，取悦俗目耳。[1]

由此可见，文徵明对华夏收藏爱好及鉴赏慧眼的评价之高。《真赏斋帖》分上、中、下三卷，上卷为钟繇的《荐季直帖》，中卷为王羲之《袁生帖》，下卷有唐摹书法精品《万岁通天帖》，每卷都有文徵明题跋。

华夏博学好古并精通赏鉴书画、鼎彝、玉石、瓷器、印章等多个门类。但其收藏尤以晋唐名迹为主，宋、元以下则不论。此外，华夏还通过刻帖的方式，将自己的私人珍藏公之于众，可见其拥有宽广的胸襟。华夏书画收藏的质量之精、品级之高，在当时的收藏领域都是屈指可数的。其收藏印有"补安居士""锡山华氏""补

---

[1] ［明］郁逢庆纂辑，赵阳阳点校：《郁氏书画题跋记》，上海书画出版社，2020年，第113页。

安家藏印""华夏""宜子孙""华氏剑光阁珍藏印""真赏"和"真
赏斋鉴"等印章。

　　(6) 吴希元的书画鉴藏

　　吴希元 (1551—1606)，字汝明，号新宇，歙县人，官至文华
殿中书舍人。喜欢收藏古玩书画，与明代著名书画鉴赏家董其昌交
好。据文献记载："(吴希元) 性无他嗜好，独嗜古法书、名画彝鼎、
瑚簋之属，闭居扫地焚香，与客摩挲鉴赏以自适，门无俗士之辙
也。"①他经常邀请四方名流雅集宅中，陈列法书名画、琴剑彝鼎
诸物，以鉴赏为乐。吴希元藏有很多珍贵的法书名画，如东晋王献
之《鸭头丸帖》、唐代颜真卿《祭侄季明文稿》、唐阎立本《步辇图》
等，这些作品上都钤盖了其收藏印。吴希元共有子六人，一子夭折，
还有五子，皆以"凤"字排行，"五凤"在其父吴希元的影响下，
都爱好古玩收藏。明末著名书画商吴其贞在吴家凤家中还亲眼看
到过东晋王羲之《平安帖》一卷，该帖虽非真迹，但系唐人廓填，
上有元人柯九思图记，是一件非常珍贵的名帖。又有唐颜真卿《祭
侄季明文稿》一卷，上有鲜于枢等题识，笔画圆润，就连吴其贞也"信
为真迹无疑"，也是一件非常珍贵的作品。

　　此外，吴希元的族属兄弟吴能远，也是古玩收藏家兼古玩商，
藏有很多法书名画。吴能远与著名书画鉴藏家张丑时常进行交流
与切磋。吴能远曾拿出梁临《乐毅论》、五代南唐画家周文矩《戏
婴图》卷、北宋秦观《临禊序》、南宋画家赵千里《山园图》大
幅、赵孟頫《临黄庭经》和《处静斋图》、元末明初画家倪瓒《双
树筠石》小幅以及明代画家沈周、唐寅、文徵明、仇英山水共十
余幅给张丑鉴赏。张丑因此感慨道："余一日而得纵观诸家名迹，
非有翰墨缘者不能享此清福耳"②。此后，张丑又再次造访吴能远，

吴出示其所藏珍品，仍旧令张丑赞叹不已。

（7）王世贞的书画鉴藏

王世贞（1526—1590）生于明嘉靖五年（1526），字符美，号凤洲，又号弇州山人。他出身于江南名门望族，"三世为九卿八座巨富"①，且天资聪颖，22岁便高中进士，然由于家境突遭变故，遂无意于仕途。他将大量时间用于交游唱和，著书立说，与江南鉴藏家群体交往密切。在文学、史学和艺术方面的较高造诣使王世贞在明代文坛中占有举足轻重的地位。《明史》有云：

> 攀龙殁，（王世贞）独操柄二十年。才最高，地望最显，声华意气笼盖海内。一时士大夫及山人、词客、衲子、羽流，莫不奔走门下。片言褒赏，声价骤起。②

殷实的家境和在文坛领袖的影响力，为其搜集法书名画提供了有力保障，其弟王世懋也有大量的书画收藏。

王世贞作为明代文坛领袖和书画鉴藏家，其书画鉴藏活动丰富而活跃。从他著书留下的题跋来看，所藏书画不下六百件，其中包括钟繇《荐季直表》、褚遂良《唐文皇哀册文》、怀素《千字文》、苏轼《跋王晋卿山水歌》、赵孟頫《重江叠嶂图》《琴清轩图》、宋克《隶书张长史笔意》、徐有贞《灵岩胜游卷》等。官至南京兵部尚书的浙江余姚后辈孙鑛（1543—1613）曾经针对王世贞的书画跋撰写过一本《书画跋跋》；浙江嘉兴的汪砢玉曾将王氏的《弇州四部稿》和《弇州续稿》中所载题跋专门进行整理，编写了《尔雅楼所藏名画目》收录在《珊瑚网》中，由此可见，王世贞在当时的影响力之大。

---

① ［明］王世贞撰，汤志波辑校：《弇州山人题跋·序》，浙江人民美术出版社，2019年，第2页。
② ［清］张廷玉等：《明史·王世贞》，中华书局，1974年，第7381页。

图 31［五代］巨然《万壑松风图》，绢本设色，纵 200.7 厘米，横 70.5 厘米，上海博物馆藏

图 32［明］唐寅《幽人燕坐图》，
纸本水墨，纵 120.3 厘米，横 25.8 厘
米，故宫博物院藏

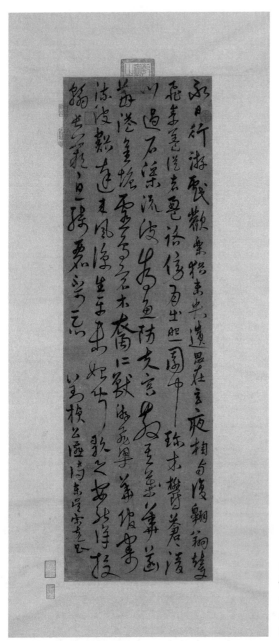

图 33 [明] 宋克
《公宴诗》，纸本墨书，
纵 111.7 厘米，横 32.4
厘米，台北故宫博物
院藏

王世贞晚年在太仓城内造弇山园，被誉为"江南第一园林"。他筑造的尔雅楼，专藏宋本书，并钤"贞元"印。他在所藏宋刻《汉书》作跋曰："余生平所购《周易》《礼经》《毛诗》《左传》《史记》《三国志》《唐书》之类，过二千余卷，皆宋本精绝。"[1]其收藏书画中包括张择端《清明上河图》等真迹。王世贞精于鉴赏，论述古今，见解得当，对历代人物画、花鸟画、山水画的发展变迁，以及宋、元、明诸家绘艺之渊源等的评论，在中国文学史和美术史上都有着深远影响。王世贞还撰述了许多关于书画的题跋评鉴和史论文字，如《弇州题跋》《古今法书苑》《书苑》《画苑》，从而为明代画家的生平事迹和书画活动提供了重要史料文献。王世贞不仅重视古代作品还非常重视同时代艺术家的书画作品。

（8）董其昌的书画鉴藏

董其昌（1555—1636）字玄宰，号思白，又号香光居士。他工于书法，善于绘画，书画讲究追摹古人，但又能灵活变通。他笔墨精妙，追求先熟后生，拙中带秀，体现了平淡天真的创作个性，后成为明代艺坛的主流。董其昌收藏颇丰，又精于鉴赏，曾著有《画禅师随笔》《容台集》《容台别集》《画旨》《画眼》等画论文集。

董其昌之所以能成为明代重要的书画家和书画鉴藏家，与其早年的经历密切相关。前文已提到，项元汴家境殷实，酷爱收藏，其藏品量大而精。董其昌作为其子（项穆）的同学，得以结识收藏家项元汴，后因两人兴趣相投而成为忘年之交。在董其昌为项元汴所作的《楷书项墨林墓志铭册》中记述了两人的相识过程：

> 忆予为诸生时，游携李公之长君德纯，实为夙学，以是日习于公。公每称举先辈风流及书法绘品，上下千载，

---

① ［清］杨绍和撰，傅增湘批注，朱振华整理：《藏园批注楹书隅录》，中华书局，2017 年，第 62 页。

较若列眉，余永日忘疲，即公亦引为同味，谓相见晚也。^①

项元汴去世后，董其昌在与其子的交往中，依旧有机会可以观摩项家藏品。随着董其昌声名鹊起，项氏子弟也乐于让其作题跋，以此提高书画价格。

除此之外，董其昌还与明代大收藏家韩世能（1528—1598）交好，他观摩的部分书画名迹来自韩世能家藏。为了更多地接触上乘书画作品，董其昌还与一些巨富徽商保持着密切联系。这些观摩真迹的经历，无疑对董其昌后期鉴定法书名画产生了重要影响。

与别的藏家不同，董其昌的藏品基本上见不到鉴藏印迹，而是经常在画后写下自己的跋语。有时别人求题也不在少数，因此很难分辨究竟何者为董氏收藏。董其昌曾收藏过很多名家作品，如董源《溪山行旅图》《龙宿郊民图》《夏山图》、传为巨然《长江万里图》《雪图》、传为李公麟《九歌图》《潇湘卧游图》《孝经图》、赵孟𫖯《鹊华秋色图》《雪图》《林塘晚棹图》。此外，他还收藏过李思训、李成、郭忠恕、江贯道、王蒙等画家的作品。董其昌也有不少书法藏品，如唐摹本《乐毅论》、宋拓智永《真草千字文》、米芾《蜀素帖》等。

（9）张丑的书画鉴藏

张丑（1577—1643），原名张谦德，后改名丑，字青甫，号米庵，昆山（今江苏昆山）人，明代著名鉴藏家。张丑至父辈已历四世收藏，收藏书画数量之多可与明代王世贞相争衡。张丑出身文人世家，自幼受到良好的家庭教育，但在屡试不第后，遂绝意仕途。张丑热爱收藏，倾注毕生精力从事书画收藏活动。除了继承衣钵、研究家族藏品外，他还与文徵明曾孙文从简、韩世能父子以及王

---

① ［明］董其昌著，邵海清点校：《容台集·大学墨林项公墓志铭》，西泠印社出版社，2012 年，第 481 页。

穉登、赵宦光、董其昌、项元汴等著名鉴藏家、书画家交密，眼界大为开阔。经过在书画方面的不懈努力，张丑终成书画鉴藏大家，并提炼出观神韵、查著录、考流传、析题款、判印章、辨纸绢、断装裱、识临仿等书画鉴定理论和方法。

张丑曾收藏过许多名家字帖，如陆机《平复帖》、王羲之《平安帖》、米芾《宝章待访录》（如图34）、祝允明《楷书离骚经》等；他收藏的名家画作如吴道子《送子天王图》、马远《松泉居士图》、王蒙《南村真逸图》、吴镇《草亭诗意图》等。他在书画鉴藏著述方面也颇有成就，曾编著过《清河书画舫》《真迹日录》《清河书画表》《南阳法书表》《南阳名画表》等，对明清两代的书画鉴藏活动产生了重要影响。

图34 ［北宋］米芾《宝章待访录》，纵27.7厘米，横35.1厘米，台北故宫博物院藏

张丑对书画鉴藏可谓深入其中，颇多心得和经验之谈。他在《清河书画舫》中对书画鉴赏提出过不少真知妙论，如论鉴定书画：

> 鉴定书画，须是细辨真迹，改造以定差等，多见俗子将无名古画乱题款识求售。或见名位轻微之笔，一例剜去题识，添入重名伪款。所以法书名画，以无破损为上，问遇破损处尤当潜心考察，毋使俗子得行其伎俩，方是真赏。①

张丑将很多画作的内容、材料、笔法等特征加以记录，以供后人参考。如在论述"马远"条论及《松泉图》时，说"文待诏徵仲家，藏马远《松泉图卷》，绢本，浅绛色。上作五松，甚奇古，一高士步行翩然，一童子携阮具随后，烟云泉石，点缀有法，卷尾题咏出胜国郑元祐、高启、王彝诸先辈。"② 如此详细的记载，具有很高的史料价值和鉴定价值。

（10）梁清标的书画鉴藏

梁清标（1620—1691）是明末著名书画鉴藏家，字玉立，号棠村、蕉林、苍岩，直隶真定（今河北正定）人，著有《蕉林诗集》和《棠村词》等。梁清标喜积善鉴，藏书达数十万卷。他尽情搜罗名家墨迹，上自晋唐下至元明，历代珍品颇丰。徐世昌在其《大清畿辅先哲传》中有关于梁清标的记载："清标雍容闲雅，宏奖风流，一时贤士大夫皆游其门……搜藏金石文字、书画、鼎彝之属甲海内。"③ 梁清标以蕉林制印，以蕉林题诗，以蕉林制墨。现凡是钤盖"棠村审定"收藏印章的藏品，基本都是艺术价值极高的珍品。

梁清标曾收藏过东晋陆机的《平复帖》（如图35）、王羲之《兰

---

① 张进等编：《王维资料汇编》，中华书局，2014年，第1078页。
② ［清］厉鹗撰，张剑点校：《南宋院画录·马远》，浙江古籍出版社，2019年，第128页。
③ 徐世昌撰：《大清畿辅先哲传》，北京古籍出版社，1993年，第6页。

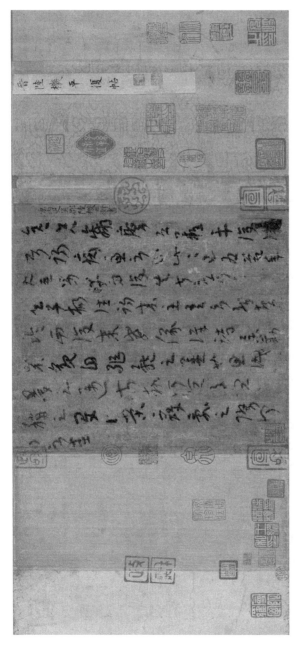

图 35 ［西晋］陆机《平复帖》，纸本墨书，纵 23.7 厘米、横 20.6 厘米，故宫博物院藏。

亭序》虞世南摹本、宋徽宗《柳鸭芦雁图》、顾恺之《洛神赋》、
展子虔《游春图》、阎立本《步辇图》、顾闳中《韩熙载夜宴图》等。
梁清标如此丰富且珍贵的书画收藏与其显赫的家庭背景密切相关。
梁氏家族数代为官，且爱好收藏，故梁清标自幼受到家庭熏陶，
对古墨名砚均产生了浓厚的兴趣，并打下了良好的鉴赏基础。梁
清标本人多年为官，兼具极其便利的收藏条件，故其鉴藏能力超
出时辈。如他收南宋画家何筌《草堂客话图》，并判定其为真迹，
他记录道：

> 一日有持画来者，轴已破坏，绢为煤烟熏染，黝然几
> 不复辨，墨痕就日审视……轴端无题识，不知谁氏作，
> 然笔法细谨，位置雅丽，人物须眉毫发可见，衣观坐立
> 欹侧势皆不同，而各尽其致……稍稍浣濯尘垢，再开生
> 面，粲然可观矣，藏之六七年……则余之画信伯时无疑，
> 即非伯时亦当宋人名手临摹。①

后经证实，何筌的名字确实隐于画面左方松树干上，有"辛
卯何筌制"题款，但因年久而模糊不清。

梁清标的藏品来源主要包括：祖上遗产、出资购买、友人相赠、
裱画师或书画商代为罗致。在梁清标去世后，梁家逐渐败落。清
乾隆年间天津盐商兼著名收藏家朝鲜人安歧倾家收藏项元汴、梁
清标、卞永誉所藏书画，所庋名迹甲于海内，卒后精品多归于乾
隆御府，藏书多归杨氏海源阁。即到乾隆后期，大量的"蕉林珍品"
被宫廷收藏。

除以上几位较有名气的明代书画收藏家外，其他还有如钱谦益
（1582—1664）、王世懋（1536—1588）、黄琳（1450—1520）、

---

① 杜荣泉、张辰来主编，政协石家庄市委员会编：《石家庄历史名人》，中国对外
翻译出版公司，2000 年，第 165 页。

张孝思（生卒年不详）、叶盛（1420—1474）、吴廷（约1549—1635）、丰坊（1492—1563）等藏家。当时文人对于鉴别、赏玩书画器物，几近痴狂心态。如新安汪道会仲嘉（1544—1613），少奇颖好读书，古器法物，日陈几案间。"所储图画、彝鼎，位置都雅，对客茶宴炉熏，笑谈移晷，无凡语。所酬应书疏、诗章、小楷、篆籀，无凡笔。"[①]明末清初的史学家、文学家张岱（1597—1685）也曾言及其季弟张岷对古董书画的癖好：

> 凡读书多识，不专而精，不骛而博，不钻研而透彻。见古书善本，必以重价购之，锦轴牙签，常满邺架。鉴别古玩，留意收藏，凡至货郎市肆，偶有一物，见其注目视之，必古质精款，规制出人，见无不售，售无不确。一物入手，必旦晚抚摩，光怪毕露，袭以异锦，藏以檀匣，必求名手为之作铭。夜必焚香煮茗，挑灯博览。见诗文佳者，津津寻味，不忍释手。[②]

把玩书画等古物时，仿佛是一场穿越古今的时空对话，此种诱惑力对于文人来说是极为强大的，这也造就了他们对古物的狂热爱好与追求。

4. 明代后期徽州商人的书画收藏活动

随着明中期经济的快速发展和社会流动的加剧，也推动了收藏的社会化，促进了收藏群体的生成与分化。富裕起来的社会大众对原本属于文人阶层的各种物品和活动兴趣渐浓，书画收藏也不可避免地变成大众竞相追逐的目标。商人（尤其是徽商）、宦官甚至强盗都加入了收藏这一行列。该时期的商人地位得到了大幅度提升，并且拥有殷实的物质财富，此刻他们试图通过模仿文

---

① [明]焦竑撰，李剑雄点校：《澹园集》，中华书局，1999年，第1030页。
② [明]张岱著，云告点校：《琅嬛文集》，岳麓书社，2016年，第158页。

人的行为，获得内在精神的价值认同。然而在文人眼中，这些以商人为代表的大众，对书画的购藏仅仅是"元非酷好，意作标韵"而已。因此论及文物鉴藏时他们极力分清鉴赏家与好事家的差别。高濂在其《遵生八笺》中引用宋代米芾对两者所作的区分：

> 好事家与赏鉴家，自是两等。家多资蓄，贪名好胜，遇物收置，不过听声，此谓"好事"。若赏鉴家天资高明，多阅传录，或自能画，或深知画意，每得一图，终日宝玩，如对古人，声色之奉不能夺也，名曰"真赏"。①

文中的"好事者"绝大部分是商人，尤其是徽商。

明末清初，徽州地区的书画交易、收藏活动非常活跃。善于经营是徽州的传统，一些徽州富户凭借雄厚的物质实力竭尽所能地搜集古董书画，一方面可以赚取高额利润，另一方面也可以表明自己高雅的身份地位。书画收藏风气的高涨和书画价格的上升，让善于经营的徽州富商看到了获得身份认同感的希望。徽州著名书画鉴藏家吴其贞（1606—约1678）在其《书画记》中曾有这样的记载：

> 忆昔我徽之盛，莫如休、歙二县，而雅俗之分，在于古玩之有无，故不惜重值争而收入。时四方货玩者闻风奔至，行商于外者搜寻而归，因此所得甚多。②

从上述史料可以看出，此时的赏鉴之风不仅兴盛，而且非常专业。这些私人鉴藏家收藏书画古玩的数量众多且种类丰富。徽商"贾而好儒"的风尚，使江南的书画市场再次掀起了波澜，也

---

① 张小庄、陈期凡编著：《明代笔记日记绘画史料汇编》，上海书画出版社，2019年，第183页。
② ［清］吴其贞《书画记》，辽宁教育出版社，1997年，第63页。

促进了士商之间的互动，让传统观念在商品经济的大潮流下受到了极大的冲击，人们的内心思想也发生了重大变化。

此外，根据清代吴其贞《书画记》记载，当时的书画交易主要分为三种：一是通过在收藏者家中观赏所得，其交易手段主要分为金钱购买或以物换取；二是通过固定的交易场所进行，例如寺庙内的古董店铺；三是在集市中进行书画活动交易，如集市中的古董铺等。总之，当时的交易活动频繁、交易手段多样、交易场所灵活，书画市场也日臻完善。但是，在经济利益的驱逐下，当时的艺术市场也出现了很多鱼龙混杂、以假充真的现象。如明万历年间的文学家沈德符（1578—1642）就对当时古董行业存在的造假风气，极其厌恶，并对当时的徽商进行了严苛的批判：

> 市贾又交构其间，至以考功法中董外迁，而东壁西园，遂成战垒。比来则徽人为政，以临邛程卓之赏，高谈宣和博古图、书画谱，钟家兄弟之伪书、米海岳之假帖、《渑水燕谈》之唐琴，往往珍为异宝。吴门新都诸市骨董者，如幻人之化黄龙，如板桥三娘子之变驴，又如宜君县夷民改换人肢体面目，其称贵公子、大富人者，日饮蒙汗药，而甘之若饴矣。[①]

附庸风雅、不懂鉴赏的徽商固然很多，但也有真正懂鉴赏的徽商存在，他们与吴地文人开始进行专业合作。如书画收藏家吴桢以及歙县溪南吴氏家族、歙县丛睦坊汪氏家族、休宁商山吴氏家族、休宁居安黄氏家族、休宁榆村程氏家族等。

（1）吴桢

吴桢，字周生，莘墟村人，出身于新安世家，活动于明末清

---

① 张小庄、陈期凡编著：《明代笔记日记绘画史料汇编》，上海书画出版社，2019年，第532页。

初时期。吴桢性格随和，好古读书，自小就爱吟诗作画。陈继儒与吴桢是忘年之交，他曾写过一篇《赠吴周生叙》，描述了吴桢当时的学习状态："朝夕临摹，饥以之代肉，寒以之代裘，孤寂以之代友朋，幽忧以之代金石琴瑟，毕人生天壤之乐，似无以易此矣。"[1] 此外，吴桢还与年长其许多的董其昌交好，董其昌在《墨禅轩说寄吴周生》一文中说道：

> 余老矣，黄山胜游不复可续，周生饶济胜之具，新安
> 江清浅见底，舴艋顺流至我谷水，只数日间，若与汪儒仲
> 乘兴一来，观兹真迹，所谓读书十年，不如一日诣习主簿，
> 者也，周生以为何如？[2]

崇祯戊辰（1628），董其昌正值七十三岁，吴桢乃其晚辈。

吴桢好读书、广交游、富收藏的性格，注定了他在书画鉴藏方面定有一番成就。他喜爱收藏历代名家书画，并将家中所藏法书名迹刻制成了一部《清鉴堂法帖》，以便流传后世，惠及子孙。《歙县志》评价该帖："其帖目较《余清（斋帖）》为多，钩摹亦精。"[3] 《清鉴堂法帖》收集了从晋到明的二十四位名家，三十一件书法珍品，其中有王羲之、虞世南、褚遂良、欧阳询、怀素、黄庭坚、米芾、赵孟頫、董其昌等自东晋至明代的书法家手迹，故历来为书法界所重。后又附董其昌和陈继儒投赠之作。值得注意的是，吴桢所收集的历代书法珍品都经董其昌、陈继儒的鉴定和评跋。此外，陈继儒还为吴桢《清鉴堂法帖》书写跋文，这也成为《清鉴堂法帖》的一个亮点。

虽然《清鉴堂法帖》中的大部分法帖都是吴桢所珍藏的，但也

---

[1] ［清］张伯英原著，吴元真增补：《增补法帖提要》，商务印书馆，2019 年，第365 页。
[2] ［明］董其昌著，邵海清点校：《容台集》，西泠印社出版社，2012 年，第338 页。
[3] 许承尧撰，李明回等校点：《歙事闲谭·清鉴堂帖》，黄山书社，2001 年，第991 页。

有一些是向其他收藏家借来摹勒上石的，如《虞永兴汝南志》和
怀素《苦笋帖》（如图37）在当时就归休道人程伸所藏。吴桢交
游广泛，与当时的文学家吴士奇也是志同道合。此外，还有王思任、
何如宠、范允临等人也与其交好。吴桢生活于明清政权更迭之际，
他在明朝生活了相当长的一段时间，再加上其祖上是明代忠臣，
因此对清政府的统治强烈不满，是具有民族气节之士。

　（2）吴廷

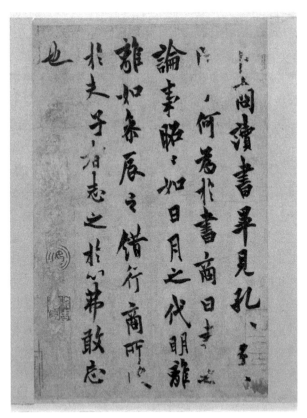

图36［唐］欧阳询《卜商读书帖》，纸本册页，纵25.7厘米，横16.5厘米，故宫
物院藏

　　吴廷，字用卿，徽州西溪南村人。民国《歙县志》卷十载："吴
国廷，一名廷，字用卿，丰南人。博古善书，藏晋唐名迹甚富。
董其昌、陈继儒来游，俱住其家。尝以米南宫真迹与其昌，其昌
作跋，所谓'吴太学书画船为之减色，然尚藏有右军官奴帖真本'
者也。刻《余清斋帖》，杨明时为双钩入石，至今人珍袭之，谓
不减于《快雪》《郁冈》诸类帖。所刻有馆本《王右军十七帖》……
皆刻于万历中。清大内所藏书画，其尤佳者半为廷旧藏，有其印识。"
吴廷，又称吴国廷，他并非普通的书画商人，而是有着深厚修养
和书画鉴赏能力的收藏家。

　　早年，吴廷就随哥哥吴国逊在北京等地开设古董店，他勤于
学习，个性爽朗，交友广泛，无论是达官显贵、商贾墨儒还是普
通文人都喜欢与其往来。吴廷的书画收藏与书画生意是在一起的。
他本人诚实守信，从不作假，从而赢得了书画收藏人的信赖。吴
廷收藏了许多早期书画大家的作品，绘画如唐代吴道子《画梅檀
神像》、北宋李公麟《莲社图》、南宋李唐《晋文公复国图》、
元代庄麟《翠雨轩图》（图38）和钱选《中山图》等；书法如《快
雪时晴帖》《晋王献之中秋帖》（图39）《宋诸名家墨宝一册》
《元赵孟頫书心经清净经由宸书金刚经合卷》等，他的藏品数量
众多且多属上乘之作。除书画收藏外，吴廷还喜欢收藏古鼎彝器，
他常将这些古物摆放在自己的厅室内，以便随时观赏。

　　吴廷与松江董其昌关系密切，两人都喜欢古董书画和鉴藏。
董其昌除了为吴廷《余清斋法帖》书写跋文外，还为他鉴定过其
他一些绘画作品。吴廷于董其昌《潇湘白云图卷》题跋曰："余
庚寅之春入都门，得与董玄宰太史周旋往还，乘闲以素绫作横卷
乞画。"①董其昌收藏的大量法书名画，其中就有些来自吴廷之手，

---

① [明] 董其昌撰，许山辑，严文儒点校：《董华亭书画录》，上海书画出版社，
　2013 年，第 280 页。

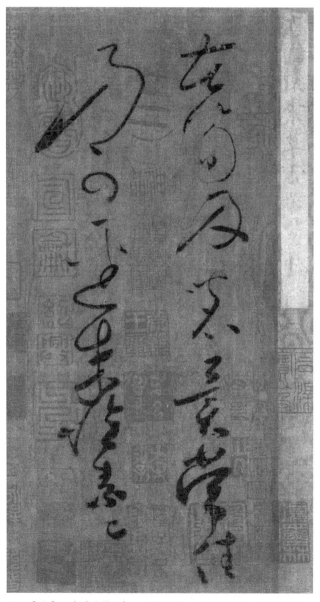

图 37［唐］怀素《苦笋帖》，绢本墨书，纵 25.1 厘米，横 12 厘米，
上海博物馆藏

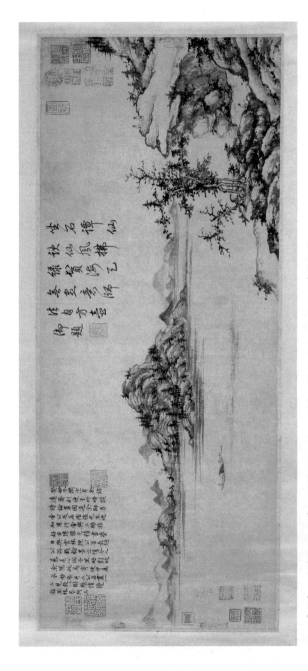

图 38 [元] 庄麟《翠雨轩图》，纸本水墨、纵 30 厘米、横 60 厘米、台北故宫博物院藏

图 39 [晋] 王献之《中秋帖》，纸本墨书，纵 27 厘米，横 11.9 厘米，故宫博物院藏

他们之间的交易方式有通过金钱购买也有通过物物交换，还有一些是董其昌从吴廷处借来临摹或是吴廷相赠。

（3）王越石

根据吴其贞《书画记》记载，王越石名叫王廷琚，徽州居安人，一门数代皆货骨董，目力过人，惟越石名著天下。王越石因长期在徽州以外的江南各地进行古董交易，所以名气最大。江南地区水网密布，王越石乘舟往来于官府、商贾和藏家之间，自称所乘之舟为"米家书画船"。王越石之所以如此自信，是因为他经手买卖的藏品数量众多且品级贵重。不过王越石在书画交易中不时玩弄伎俩，《韵石斋笔谈》就对王越石的劣行有所记载，其中提到王越石以八百金购一赝鼎，后来此事东窗事发。

> 诡称其直万金，求售于徐六岳。徐恶其谲，拒之不纳。乃转质于人，十余年间，旋质旋赎，纷如举棋。又求其族属之相肖者方圆数种，并置筐中，多方垄断。泰兴季因是企慕唐炉，廷琚以一方者诳之，售直五百，季君以为名物而愉快焉。①

当时收藏家张丑评价王越石曰："越石为人有才无行，生平专以说骗为事，诈伪百出，而颇有真见。余故误与之游，亦几鸡鸣狗盗之留亚也。"尽管如此，王越石于古玩一行，其鉴藏水准也为人服膺。他时常与赏鉴收藏家一起共同鉴赏古物，但他也不乏商人的精明和老道，时有唯利是图的习气。王越石与吴其贞一样都是较为成功的古董商人。

王越石在江南地区从事古董交易二十余年，结识了很多著名书画鉴藏家，如张丑、李日华和董其昌等人。张丑是当时富于收藏的鉴赏家，与王越石有书画往来。张丑记："周昉《文会图》，

---

① ［清］汤健业撰，叶舟点校：《毗陵见闻录》，凤凰出版社，2015 年，第 54 页。

又《挥扇仕女图》，原在苏州翰林韩世能家，'奇迹也'，'近为新都王廷珸购去，摹本至今犹存'。"① 王越石还曾向张丑出示过吴道子的《旃檀神像》，该画卷有宋徽宗瘦金书标题、双龙方玺并"宣和""内府"等印，"虽破碎而神明焕然"②。

嘉兴人李日华也是当时著名的书画鉴赏家，与王越石也有所往来。天启六年（1626），王越石以断烂《长沙帖》四册请李日华评定。后王越石又持宋元画册访李日华，其中倪瓒着色山水小景"单幅树石，浑厚修耸，云霞郁浡，闪烁不定，真杰作也。世传《雅宜山图》，恐未必胜此"。对王越石所藏，李日华更是惊羡不已，屡屡不吝笔墨，鉴赏珍品之价值。

此外，明代书画家、鉴赏家董其昌，也与王越石来往密切。如天启七年（1627）三月，王越石携示李升水墨画，董因而临摹一帧。进入清朝，王越石的书画收藏陆续散出，或许其人已经过世。

（4）歙县丛睦氏汪氏家族

丛睦氏汪氏"皆尚古玩，所收名物，不亚溪南"③，该家族出了不少书画收藏名家如汪汝谦和汪宗孝。汪汝谦（1577—1655），字然明，号松溪道人。他精于鉴藏，深通音律，颇有艺术家风范。汪汝谦交友广泛，多才多艺，与明末清初诗人钱谦益等名门大家亦有所往来。在汪汝谦死后，钱谦益曾为之撰写墓志铭，并高度评价曰：

> 其心计指画牢笼，干辨之器用，如白地光明之锦、裁为襦袴，罄无不宜其精者。钩探风雅，摹拓书法，编次金石，寸度律吕，虽专门内谱，不能与之争能。其粗者用以点缀名胜，摒挡宴集，舫斋靓深，清藏精旨，杖函屦屐，咸

---

① ［明］张丑：《清河书画舫》，上海古籍出版社，2011 年，第 208—209 页。
② ［明］张丑：《清河书画舫》，上海古籍出版社，2011 年，第 663 页。
③ ［清］吴其贞：《书画记》卷二"萨天锡《云山图》纸画一卷"条，第 73 页。

为位置。及乎弥留待尽，神明湛然，要云将诸人摩挲名迹，吹箫摘阮，移日视荫，乃抗手而告别。①

汪汝谦酷爱古玩书画，直到弥留之际，仍摩挲古物，难以割舍。

汪宗孝，字景纯，一作景中，明清之际新安（今安徽黄山）人。自幼聪慧，在淮上有盐业。他将自家产业交由同县吴孔龙代为操持，自己则"优游于诗洒而广今古之翰墨"。他酷爱收藏古今名迹，平生"收藏金石古文法书名画彝器古玉甚富"。汪宗孝曾收藏过元黄公望《层峦积翠》小幅和虞世南《汝南公主志》等。在汪景纯死后，其藏品逐渐散落民间，其子权奇将他的收藏目录装潢成帙，并作《新安汪氏收藏目录歌》。

汪氏家族除了以上两位收藏家外，还有汪莘敬和汪无芳。汪莘敬，明末人，曾收藏过萨天锡《云山图》、谢缙《溪山草堂图》、赵元《清溪垂钓图》等。汪无芳，善工花卉，曾收藏过一册宋元小图画，其中包括马贲《独立朝江图》、王若水《双禽采实图》、苏汉臣《击乐图》、林椿《林檎山鸟图》、马远《柳溪水阁图》以及李营丘《雪山云粮图》，以上六图，吴其贞称赞曰"洵为妙品"。

当时所谓的新都汪氏，大多是指丛睦坊汪氏。收藏丰富的丛睦坊，发展至崇祯后期，藏品不断散出，如钱谦益收藏的黄大痴《洞天春晓图》、王右丞《雪霁图》、王右军《平安帖》等，都是自丛睦坊汪氏处所得。故吴其贞感叹：其时丛睦坊收藏"今已散去八九"。

除了以上所述藏家外，徽州地区的书画藏家还有很多，如新安人黄太学、休宁人汪本湖和歙县人江孟明等。关于收藏家黄太学，清初文学家梁清标有所记载：

杜子美墨迹，新安黄太学所藏，字画苍劲，较当代诸

---

① [清] 丁丙辑：《武林坊巷志》，浙江古籍出版社，2018年，第2881—2882页。

名家另开一法门也。黄氏于成、弘间以甲第起家，收藏
甚富，比来卖尽矣，独奉此为传家宝，久而未失。余于
辛巳年曾见之，不甚赏识。项闻太学已故，将淹质库，
始婉转购得之，摩挲抚对，逾觉其经。更有赵文敏、文
待诏两前辈鉴定，信为希代之珍也。顺治五年三月二日，
苍崖山人梁清标重装并记。①

汪本湖，嘉、万时期休宁人，他善于经商，家境殷实。文献
记载其"家蓄古器具甚夥，望而知为某代物，善贾者莫能欺，遭
难放失不一存。新安人往往谈本湖松解巧艺，所为墨若笺最精
良"②。又如明末清初歙县人江孟明，他爱好古玩，喜好收藏。他
曾收藏过高士谦的《竹石图》书画册和王绎的《杨竹西小像图》（图
41）等作品。此外，安徽地区的收藏家还有诸如歙县岩镇人汪御六、
海阳草市人孙长公、两淮巨商吴士新以及歙县人金虎臣等。

综上所述，可以发现活跃于江南地区的徽州书画商人，旨在
获取商业利润，其间自有"浮慕"者，但绝非能以"附庸风雅"
概而言之。收藏鉴赏家依赖书画商人的四处奔走、费心访求，为
其开通选购藏品的有效途径，而书画商人也在此过程中获得了书
画专业水平的提高。如明末清初李日华、张丑等人的收藏事业，
就有赖于徽州书画商的经营。

时至明代中期，江南地区新兴的棉作经济、蚕桑经济以及其
他经济作物栽培技术都获得了长足发展，遂使之成为中国经济发
展水平最高的地区。当时苏州府管辖的吴县、长洲县、常熟县、
嘉兴府、昆山县、嘉定县六县和太仓州一州，是明代中国首屈一
指的财富重地。万历《大明一统志》记录了明代二百六十多个府

---

① [清] 莫友芝：《郘亭书画经眼录》，上海古籍出版社，2008 年，第 213 页。
② [明] 李维桢：《大泌山房集·汪元蠡家传》，见《四库全书存目丛书》集部第
152 册，第 226 页。

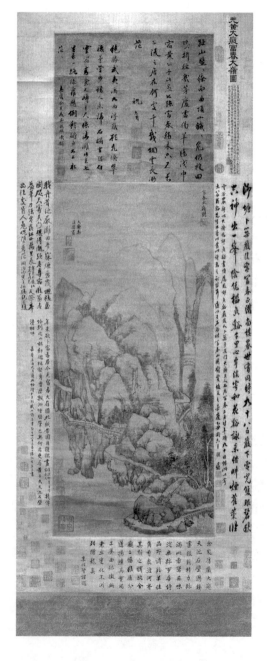

图 40 ［元］黄公望《富春大岭图》，纸本水墨，纵 74.2 厘米，横 36 厘米，南京博物院藏

图 41 [元] 倪瓒《杨竹西小像图》，纸本水墨，纵 27.7 厘米，横 86.8 厘米，故宫博物院藏

州的税粮数字，排名前列的就有位于长江中下游流域的苏州、杭州、湖州、松江、嘉兴等地，而苏州一府的税粮则占了全国税粮的将近十分之一。江南的手工业、商业、农业等产业部门也已进入商品经济领域。经济的发展，商品的繁盛，造就了江南地区城市的繁华。商品经济的高速发展拉高了城乡消费水平，与之相适应的城乡消费水平又进一步促进了商品经济的崛起。此外，明中期的统治不再是强硬的政治控制，中央政府对地方事务的干涉较之明初有所松动，明初确立的君主专断集权在后来的历史进程中也有所削弱。

随着明代经济的发展，明初简朴的生活方式已被明中期奢靡的生活状态所取代。随着农业和商品经济的发展，明代的城市也出现了新的变化，尤其是以苏州为代表的江南地区成为各省商贾的云集之地。冯梦龙在《醒世恒言》卷十八《施润泽滩阙遇友》一回中，记载了明代后期苏州府吴江县的盛泽镇商业繁华的景况。[1] 这些散布于苏州四周的城镇尚且如此，苏州城内的奢华更是可想而知。"所以顾炎武感叹'盖吴民不置田亩，而居货招商，阛阓之间，望如绣锦，丰筵华服，竞侈相高，而角利锱铢'。"[2]

杭州，旧名钱塘、临安，属于浙江，也是明代著名的工商业城市之一。据王士性在《广志绎》卷四中记载："杭州省会，百货所聚，其余各郡邑所出，则湖之丝，嘉之绢，绍之茶之酒，宁之海错，处之磁，严之漆，衢之橘，温之漆器，金之酒，皆以地得名。"[3] 此外，杭州的书籍刻印及出版行业，在宋代就已闻名全国，谢肇淛在《五杂俎》卷一三《地部》中说："宋时刻本以杭州为上，

① ［明］冯梦龙编：《醒世恒言》，海峡文艺出版社，1991年，第304页。
② 陈瑞林：《吴门绘画与明代城市风尚》，载故宫博物院编《吴门画派研究》，紫禁城出版社，1993年，第173页。
③ ［明］王士性撰，吕景琳点校：《广志绎》，中华书局，1981年，第67页。

蜀本次之，福建最下。"① 到明代，杭州、苏州、福建三地的刻书出版业更加发达，并称全国三大刻书业中心。书籍出版和印刷业的发达，在一定程度上也说明了当时江南地区的文化教育与普及情况。

明代中期以后江南地区收藏之风尤盛，其实也与当地古玩书画的繁盛有关。明代学者黄省曾《吴风录》曰：

> 自顾阿瑛好蓄玩器、书画，亦南渡遗风也。至今吴俗权豪家好聚三代铜器、唐宋玉窑器、书画，至有发掘古墓而求者，若陆完神品画累至十［千］卷，王延喆三代铜器万件，数倍于《宣和博古图》所载。②

屠隆在其杂文集《考槃余事》中也提到："明兴丹青，可宋、可元，并驾驰驱者何啻数百家，而吴中独居其大半，都尽诸方之烨然者不及也。"其时，江南地区的藏品书画、古籍、器玩无所不有，古董铺子林立、大小藏家竞出，从事中介的商贾奔走于大街小巷。

第四节　明代书画作品的收藏趋向

随着明代中期市民阶层的扩大、中西文化的交流、商品经济的发展、印刷业的发达，明代的文化艺术也取得了显著成就。而文人画的大兴、宫廷绘画的昌盛、民间美术的繁荣、工艺制品的凸显等，都构成了明代美术创作和收藏的多样化格局，其中最有意义的便是出现了具有现代商业特色的"职业画家"。这些数以万计的文人画家和职业画家，在文化与市场的双重滋养和刺激下，

---

① ［明］谢肇淛：《五杂俎》，上海书店出版社，2001 年，第 266 页。
② ［明］杨循吉等著，陈其弟点校：《吴中小志丛刊》，广陵书社，2004 年，第 177 页。

创作出了大量雅俗共赏的艺术作品。尽管艺术作品良莠不齐，雅俗有别，但对社会生活的渗透与影响是宋元以前难以企及的。明代的书画创作和鉴藏活动，是其独特的社会风尚、审美意趣和价值观念的集中体现。这一时期也是明代美术鉴藏的繁盛期，主要表现在官私藏品数量庞大，收藏趋向专业化、普遍化，收藏范围扩大，收藏品类增多等特征。

一、收藏群体更加广泛

发展至明代，书画收藏气氛浓厚，尤其是明代中晚期，除皇家内府收藏之外，民间收藏也开始兴盛。收藏的对象主要是书画、古籍和文房清供等，这一时期，无论从藏品数量、还是品种质量等方面都形成了一定规模和影响。关于当时书画收藏风气的情形最为人所熟知的，便是明代沈德符（1578—1642）《万历野获编》中对十六世纪中叶以后士大夫收藏风气的描述：

> 嘉靖末年，海内晏安。士大夫富厚者，以治园亭、教歌舞之隙，间及古玩。如吴中吴文恪之孙、溧阳史尚宝之子，皆世藏珍秘，不假外索。延陵则嵇太史应科，云间则朱太史大韶，吾郡项太学锡山、安太学、华户部辈，不吝重赀收购，名播江南。南都则姚太守汝循、胡太史汝嘉，亦称好事。若辇下则此风稍逊，惟分宜严相国父子、朱成公兄弟，并以将相当途，富贵盈溢，旁及雅道。于是严以势劫，朱以货取，所蓄几及天府。未几，冰山既泮，金穴亦空，或没内帑，或售豪家，转眼已不守矣。今上初年，张江陵当国，亦有此嗜，但所入之途稍狭，而所收精好，盖人畏其焰，无敢欺之，亦不旋踵归大内，散人间。时韩太史世能在京，颇以廉直收之。吾郡项氏，以高价钩之，间及王弇州兄弟。而吴越间浮慕者，皆起而称大赏鉴矣。近年董太史其昌最后起，名亦最重，人以法眼归之，箧

笥之藏，为时所艳。山阴朱太常敬循，同时以好古知名，
互构相轧，市贾又交构其间，至以考功法中董外迁，而
东壁西园，遂成战垒。①

明代收藏者人数众多、身份各异，上至达官贵人，下至平民
百姓，既有声名显赫的大收藏家，也有一般的书画爱好者。除了
明代内府的收藏值得关注外，明代官僚、宦官、文士的收藏也颇
引人注目。皇室之好，首先在近臣中得以传播。明代汪砢玉《珊
瑚网》卷二十三收入明沈周《本朝内监所藏画目》，其中说道，
宪宗成化末年的宠臣钱能、王赐喜欢赏玩书画，其时在南都，
"每五日舁画二柜，循环互玩"。另外，明朝重臣杨士奇（1366—
1444），历经四朝，家富藏书，好庋藏法书名画，所经手名迹常钤"梅
花阁书画"印，《四库全书》收入其所纂《文渊阁书目》。

明初社会的变革使得一些官宦世家开始衰败，但随着商品经
济的发展，又出现了一些豪富之家以及因经商而发家致富移居苏
州等地的徽商。吴其贞在其《书画记》中就记载了徽州一带的购
藏状况。不仅江南和徽州如此，其他地区的鉴赏之风也十分普遍。
明中后期，徽州富商多以高价收购书画古玩，加速了苏州地区的
收藏风气。随着时间的推移，明代中后期还形成了数量众多的地
域性民间收藏家群体，他们多集中在苏州、松江、嘉兴、南京等地。
同处一地的收藏家往往世代相传，交往密切，相互间往往形成故
交门生、族裔家系等关系。

明代以书画收藏和赏玩为时尚之雅，因此书画收藏一直是收
藏界的"重头戏"。当然，明代的收藏家群体最多的还属文人士
大夫，因为明代官员和有功名者多属于特殊的士绅阶层，他们在
政治经济上享有的特权与书画收藏有重要关系。

---

① 张小庄、陈期凡编著：《明代笔记日记绘画史料汇编》，上海书画出版社，2019 年，
第 532 页。

虽然明代封建社会等级制度森严，但随着当时商品经济的迅速发展，市民阶层也开始觉醒，渐渐萌生出人格平等的观念。该时期出生的职业画家也会因自身技艺的高超，而得到世人的推崇与喜爱，最典型的如漆匠出身的仇英以及尤求等职业画家。鉴藏家也会和工匠就艺术品的原料、花纹、色泽、造型等方面共同探讨。

明代书画收藏者队伍庞大且构成成分较为复杂，从仕宦阶层到平民百姓都有众多参与者。其时，收藏途径和收藏手段多样，收藏心态也因人而异，但较大的收藏家一般都集中在仕宦阶层。当然，这一时期的书画鉴赏繁荣发达，藏品易主的频率也较快，收藏者和藏品的关系从来都不是固定的。虽然大部分藏家是因为崇尚书画艺术品的魅力而收藏的，但也有部分收藏者是为了在收藏史上留名或者渔利而搜购的。如收藏家盛德潜对访友李日华曰："公异日《书画想象录》刻出，幸附贱姓名，无忘也。"①

二、收藏作品的专业化

值得注意的是，明代书画市场已经进入了全面繁荣的前夜，这与当时商品经济的快速发展紧密相关。至迟在明中叶，除了一般的书画商人外，苏州、松江、南京、嘉兴、湖州等地也陆续开始出现一些独立的书画商店。至此，明代的古物鉴藏也开始呈现出专业化、大众化、规模化和商业化的特点，这也是中国书画市场化形成的重要标志。

但与此同时，也出现了古玩市场赝品泛滥，造假之风盛行的现象。当然，这就需要一批能够辨别真伪、品评优劣的鉴赏家或收藏家。正如张彦远在《历代名画记》中所言，能收藏、又能鉴

---

① 张小庄、陈期凡编著：《明代笔记日记绘画史料汇编》，上海书画出版社，2019年，第371页。

考真伪、品赏、保护、评定优劣者 ①；他们需要有一定的文化修养、鉴别能力、研究能力、购藏能力和藏品保护能力等。此时，明代中后期的江南地区确实也出现了一批重要的书画鉴赏家和收藏家，如藏有元、明多家精品的王世懋；人称所收"冠于东南"的黄琳；工于书画精于鉴别的张孝思；喜收藏善本碑帖的安国；以制墨和收藏名家作品的吴廷；工书善文，好作伪书的丰坊等。此外，还有沈周、文徵明、华夏、张丑、王世贞、钱谦益、董其昌、米万钟、陈继儒等人，他们都是蓄书贮画，收藏名品众多的人物。其中明代文学家、史学家王世贞不但喜爱收藏，还注重对历代书画藏品的整理和研究。他对藏品的真伪优劣进行鉴考，并留下大量评论性文字，提出了很多富于新见的观点，从而为后世书画鉴藏家留下了重要史料。此外针对书画鉴藏还出现了专门的书画著录如王穉登《吴郡丹青志》、朱存理《珊瑚木难》和赵琦美《铁网珊瑚》等，可以说都是鉴藏史上的全新学术成果，有些书画著录内容还包括作品的诗文、题跋和作者本人的附记。在这些知名书画家和鉴藏家的帮助与引导下，明代社会的书画鉴藏也向专业化和学术化方向开始发展，遂成为其他地区效仿、学习的对象。

明代的书画收藏家大多都是书画艺术的爱好者，很多本人就是书画艺术家。同时，由于书画家有较丰富的书画鉴别能力，使得他们比一般的收藏者更具有收藏方面的优势。如吴门画家沈周就收藏了大批名画法帖，此外还有吴宽、文徵明、黄琳等人多有名迹收藏。

---

① [唐] 张彦远：《历代名画记》卷二，见于安澜编：《画史丛书》，上海人民美术出版社，1982年，第27页。

第三章 明代书画市场的兴起与发展

　　明代中期，商品经济的发展产生了新兴的市民阶层，尤其是富庶的江南地区。此时，该地还造就了一个文化艺术的发源地，即"浙派"。之后的"吴门（苏州）""松江（上海）""金陵（南京）""武林（杭州）"等画派，皆不出江南一带，甚至前朝元四家，以及清初六家、四僧也在此活跃。据史料记载，"从元、明、清以来的画史可以证明，百分之七十以上的画家都出生或生活于江南（江浙皖三省为主）"①。这也间接说明了文人画想要有地位、有影响、有市场，不是附于官，就是附于商，这是文人的依附性决定的。而艺术的商业化，随之而来的就是市场上的竞争力。只不过，造成明代画史上纷扰的关键字，不是"市场竞争力"这个词，而是"品味"，属于"文人的品味"价值。

　　艺术发展的标志之一是艺术品走向市场化。书画进入市场，可谓是历史悠久，至少唐代的书画市场已经相对成熟。有唐一代，经济发展迅速、文化极度繁荣、收藏之风盛行，书画交易也进入了一个新阶段，无论是参与主体、交易规模还是交易方式都远胜于前朝。随着书画市场的形成，书画作品也形成了相对稳定的价格。如唐张彦远《历代名画记》中就曾记载"董伯仁、展子虔、郑法士、杨子华、孙尚子、阎立本、吴道玄，屏风一片，值金二万，次者售一万五千"②的现象。发展至北宋，更是出现了专门售卖古董书

---

① 丁羲元著：《中国艺术密码》，上海人民美术出版社，2019 年，第 67 页。
② ［唐］张彦远撰：《历代名画记·论名价品第》，浙江人民美术出版社，2019 年，第 32 页。

画的场所。此时，书画市场的高速发展，也导致了作伪之风的盛行。

自明朝建立以来，城市更加繁荣，商品经济已经渗透到社会的各个领域，尤其是北京、苏州、扬州、杭州等地，与之伴随出现了一些工商富户。明中期以后，随着商品经济的进一步发展，古玩字画也十分兴盛，但由于收藏群体的逐渐扩大，遂造成了供不应求的紧张局面，各类赝品书画也开始充斥于市场之中。到了明代中后期，随着江南手工艺技术的提高，无论是作伪地区、作伪人数、作伪方法还是作伪手段，都已经远远超过了此前时期。一些无名书画家或职业画工，也以伪造前朝或名家书画为生。不过，赝品的生产与出售也为很多手工业者或者文人画家创造了谋生的手段。如沈德符在其著录中说道："骨董自来多赝，而吴中尤甚，文士皆借以糊口。"①

第一节 明代书画市场兴起的原因探析

明初经济萧条，社会生活比较单调，书画市场也并不活跃。进入明代中后期，社会经济繁荣，市民的物质生活得以改善，对精神文化生活的需求也有所提升。书坊上有了各种通俗小说，也有了书画的流通。大量的书画需求，首先是从富商开始的，正所谓"始于一二雅人，赏识摩挲，滥觞于江南好事缙绅，波靡于新安耳食，诸大估日千日百，动辄倾囊相酬，真赝不可复辨"②。这些富绅更加注重对子女的教育，同时也渴望通过与文人相同的爱好而受到世人尊重。真迹难求，他们主要通过从官僚或散落民间的藏家处

① 张小庄、陈期凡编著：《明代笔记日记绘画史料汇编·假古董》，上海书画出版社，2019 年，第 532 页。
② 张小庄、陈期凡编著：《明代笔记日记绘画史料汇编·时玩》，上海书画出版社，2019 年，第 531 页。

收购。如安国、陆完、项元汴和王世贞兄弟等，他们不计金钱，只要是书画名迹，就大力购藏。当时，东南沿海等经济发达的地区都有一批古董收藏者，如南京的金润、黄琳和罗凤，苏州的文徵明、韩世能，华亭的董其昌，嘉兴的项元汴等。他们以各种方式进行书画买卖，并与古董商联手交易，再加上普通群众的参与，故当时的书画市场比较兴旺。

书画在进入市场以前，其价格是随意的、不确定的。宋元书画虽然也有买卖，但这种情况较少，大多以有价值的古玩交换。进入明代，书画贸易通过现金买卖的情况增多，如王敬美买大令《送梨帖》跋云："十字，而费五十金，且损五六。"[1]元代赵子昂的真迹，其价也在四十至七十金。相对于前朝，当代人的书画价格就比较平价了，如名声极大的文徵明，其小楷《甲子杂稿》，凡诗四十七首、词四首、文八首，楷法极精，"有徽人某子甲以四十金得廿册以去"。[2]文嘉应项元汴之请，为之作画、刻印、书扇，价钱也不高，足见时人的书画作品价格比较易于接受，这也适应了当时普通市民的需求。在这种氛围的影响下，明代的书画市场渐趋繁荣。

明代书画收藏之风的盛行，也对艺术流通市场和书画作伪起到了推波助澜的作用，加速了艺术品商业化的趋势。发展至明代后期，书画市场的一大特色就是书画造假。明人为牟取暴利，伪造法书名画的现象渐渐增多，且愈加难辨。正如李日华《六研斋随笔》记载：

　　成化中有士人白麟，专以伉壮之笔，恣为苏、黄、米

① ［明］王世贞、［明］孙矿撰，汤志波点校：《弇州山人题跋·大令送梨帖》，上海书画出版社，2020年，第159页。

② ［清］倪涛编，钱伟强等点校：《六艺之一录·三吴楷法十则》，浙江人民美术出版社，2015年，第5823页。

三家伪迹，人以其自纵自由，无规拟之态，往往信为真，此所谓居之不疑，而售欺者。苏公《醉翁亭》草书，即其手笔，至刻之于石。米芾《师说》，亦此公所作。①

可见，在成化与弘治年间，市场上的书画交易就有不少伪作。

第二节 收藏高潮背景下的明代书画市场

书画收藏是一种文化活动，也是一种经济活动。藏品市场对于收藏活动的发展具有促进作用。宋元时期，关于藏品交换的活动已见于不少书画著录，但明确对书画市场中关于藏品买卖的记录却不多见。明中叶以后，经书画市场进行买卖的活动大量出现，关于藏品市场的记载也随之丰富起来。明中后期，书画市场非常活跃，利用藏品获利的事情已不鲜见，如顾起元《客座赘语》卷八记载，收藏家胡愚礼家藏有名画《江天霁雪图》，传与其子，后其子殁，该画被冯开之以数十金购去，冯家长子听说顾起元想购此画，开价数百金。

传统收藏重视的是古代的法书名画、古鼎彝器、历代名瓷等，但明中期以后，随着社会各阶层涌现，收藏人数的增多，使这种本来就相对稀缺的资源更加难以获得。这一时期，工艺美术获得了极大的发展，制作工艺精良，可堪与古代精品相媲美。因此，发展至明代中晚期，人们热衷收藏之物，既有延续前代传统的碑帖字画、古籍善本、古代器物，也有新增的"时玩"。虽然前代文人的雅玩之物，也会有当代作品，但都不及明人，只有在明人这里，当代艺术作品才真正有了可与古物相颉颃的地位和价值。玩好之物作为一种高级文化符号，拥有它们象征着拥有者的高雅

---

① 邓之诚著，邓珂增订补校：《骨董琐记》，中国书店，1991 年，第 153 页。

品位，而这也是大众积极参与收藏的原因。现结合明代政治、经济及商业文化的变化，将明代的艺术品市场分为早、中、晚三个时期进行讨论。

一、明代早期

明代早期，即从明代建立至宣德（1368—1435）时期。该阶段政府实行休养生息的政策，致力于恢复生产、发展经济。人们疲于为衣食奔波，无暇顾及艺术，无论是书画生产还是消费，都是如此。在这样的社会背景下艺术品市场略显萧瑟，交易量也不可与承平之日相比。明代在太祖创之、成祖继之之后又出现了十一年的"仁宣之治"，社会趋于稳定，经济日益繁荣，这一时期的艺术生产也逐渐恢复。该时期的宫廷画师，如永乐时期的边景昭（1356年前—1436年后）、宣德时期的戴进（1388—1462）、谢环（1346-1430）、商喜（生卒年不详）等，皆创作出了大量的书画精品。值得一提的是，宣德皇帝的绘画、宫廷画师的作品乃至永乐之剔红、宣德之炉和宣窑瓷器等皆开始逐渐走向艺术品市场，成为"时玩"之物。但明代早期是艺术品市场的萌芽阶段，其繁荣和活跃程度远远不及明代中后期。此时的一些文人画家仍不屑于参与市场交易，不能积极地参与到艺术市场中来。

二、明代中期

明代中期，是从英宗正统至隆庆（1435—1572）时期。明英宗统治时期，朝廷腐败严重，明朝开始走下坡路，与之相反的是，此时的艺术品市场却开始发展起来。明代中期艺术市场的参与主体除了早期的皇室、官僚外，文士阶层的私人收藏也开始兴起。明中期开始，大量的书画艺术品开始流入市场，使得更多的人接触到了艺术品，从而促进了艺术品的交易。明正德（1506—1521）以后，在商品经济与藏品利益的双重驱动下，士人身份的书画家开始与商贾相往来，以解决囊中羞涩的窘境。

图 42 ［明］商喜《宣宗行乐图》，绢本设色，纵 211 厘米，横 353 厘米，故宫博物院藏

　　发展至明代中期，很多文人书画家很多已经参与到市场交易中来，如吴门画派的沈周、唐寅、文徵明和仇英等，都不同程度地参与了市场交易。尤其是文徵明的书画作品在当时非常受欢迎，并且产生了大量伪作。唐寅在科考失利，遭受打击后，也开始靠出售自己的书画作品维持生计，他曾作诗曰："不炼金丹不坐禅，不为商贾不耕田。闲来写就青山卖，不使人间造孽钱。"仇英作为明四家中的特殊存在，早期更是以职业画家的身份出现，参与市场交易。至此，明中期的商品经济得到了极大的发展，文人士大夫也逐渐参与到交易市场中，此时的艺术品交易份额也越来越大。

　　当然，明中期市场经济的繁荣也与商人地位的提高有一定的

关系。很多士人也兼具商人的身份，如文徵明之子文嘉。很多商
人也有着士人的出身，如江南著名书画收藏家项元汴。明中期以
后，传统的社会阶层已经出现了改变，商人地位得到了很大程度
的提高。

三、明代晚期

明代晚期即从万历至明亡（1572—1644）这段时间。发展至
明晚期，整个市场尤其是江南地区充斥着各类书画伪作。古物造
假也于此时初具规模，有了较为稳固的利益链和从业群体。至于
各类器物则伪造者更众，不仅从业者众多而且已经形成了地域性
的生产特色，例如青铜多由河南、金陵、姑苏等地土窑烧造；瓷
器则以苏州、景德镇等地区伪造者较多；淮安等处伪造古鎏金器皿，
技法已自成一家，所做小鼎炉等"做旧颇通，人不易识"。① 随着
大量赝品充斥着书画收藏市场，使得收藏者深受其害，收藏市场
也受到了打击和创伤。据李日华《味水轩日记》记载："夏贾从
金陵来，云近日书画道断，卖者不卖，买者不买。盖由作伪者多，
受绐者不少，相戒吹齑，不复敢入头此中耳。"② 从李日华日记中
便可看出当时书画收藏市场之萎靡与萧条。

由于赝品增多，正常的书画交易与收藏都受到严重干扰，即
使是经常游走于市场之中的古董商人也难免被欺骗。对于赝品，
很多鉴藏家都深受其扰并报以鄙视之态，如李日华就曾数度被"鬻
古者"持物求售：

> 鞏古老人之仆负四画来见。一郭熙，绢旧墨浮，树石
> 亦荒乱无绪。一王叔明《张公洞图》，枯燥无味。一文

---

① [明] 高濂著，叶明花、蒋力生点评：《遵生八笺·燕闲清赏笺》，中国医药科
技出版社，2021 年，第 450 页。
② 张小庄、陈期凡编著：《明代笔记日记绘画史料汇编·味水轩日记》，上海书画
出版社，2019 年，第 391 页。

图 43 [北宋] 郭熙《秋山行旅图》，绢本设色，纵 141 厘米，横 97 厘米，私人收藏

徽仲，乃稀绢蒙真本而脱出者。一陈白阳米山，笔笔俗恶，
无一点空圆之趣……急闭户取予所藏郭河阳《秋山行旅
图》、王叔明《山居图》、陈白阳《五湖田舍》、文徵仲《小
沧浪》等轴，张素壁饱味之，更瀹上芥引吸，以助清真之趣。
笑谓客："赖有此洗涤胜具，不然滓秽我神识矣！"①

面对赝品泛滥的状况，鉴藏家也日渐习以为常，有些鉴藏家
采取不加揭露的态度，因为制造赝品获得利润也是部分人营生的
主要手段。如沈德符在《万历野获编》中记载道："骨董自来多
赝，而吴中尤甚，文士皆借以糊口。近日前辈，修洁莫如张伯起，
然亦不免向此中生活，至王伯穀则全以此作计然策矣……好事者
日往商评。"②因此，有效规避赝品最有用的手段就是提高自身的
鉴别能力，这也是明代鉴藏家们面对赝品时的重要武器。

第三节 明代书画交易的方式与特点

明代初期，宫廷绘画占主导地位，统治阶级的意志对书画家
的创作产生了一定的干涉与束缚，受"怡情自娱"创作观的影响，
这一时期的书画家也较少从事绘画交易活动。明中叶以后，随着
社会历史条件的变化与社会观念的变革，经济开始全面复苏，艺
术创作和书画交易也出现了繁盛景象。这一时期，参与书画交易
的群体较以往更加广泛且多样，除了文人士大夫外，还有普通市民、
徽州商人、寺庙僧侣和喜爱中国绘画的外国商人等。明代中晚期
的书画交易方式更加多样化，除了通过金钱在店铺或集市贸易中

---

① 张小庄、陈期凡编著：《明代笔记日记绘画史料汇编·味水轩日记》，上海书画
　 出版社，2019 年，第 385 页。

② 张小庄、陈期凡编著：《明代笔记日记绘画史料汇编·万历野获编》，上海书画
　 出版社，2019 年，第 532 页。

直接购买外，碍于情面，文人阶层多通过人情酬酢、以画易物等间接方式进行交易。当时的北京、南京、苏州、杭州等城市以及部分沿海地区都出现了繁华的市肆，其中便有专门经营古玩书画的摊肆，如苏州福济观西首的黄茂甫、开元寺的沈植、间门的褚二、羊肉巷的张天章等。明代提供书画市场产品来源的群体包括宫廷画师、文人画家和民间画工等，供需双方成员构成的扩大化，也是明代中晚期书画交易的特点之一。

一、明代书画市场的参与主体

明代书画市场的快速发展和书画收藏者队伍不断扩大都与对书画认识视野的不断扩展有密切关系。就李日华的记载来看，晚明书画作品的交易状况与普及程度已经到了令人吃惊的地步。该时期还出现了一批新的书画消费者，即在原本上层文人与富足商人的消费群体中，分化出了新的社会空间，当然他们所消费的大多是一些价值低廉的书画作品。晚明书画市场的参与主体既包括官僚、宦官、文人、富商等群体也包括普通百姓。

其中文人群体购藏书画的目的主要是出于个人爱好，如嘉万名士何良俊"一遇（书画）真迹辄厚资购之。虽倾产不惜。故家业日就贫薄。而所藏古人之迹亦已富矣"[1]。明代王世贞自诩"好读书及古帖名迹之类。已而傍及画，又傍及古器、垆鼎、酒枪。"[2]除了酷爱收藏的文士之外，也有不懂书画却附庸风雅的太监参与其中，如《醉醒石》中的有关记载：

内中一个淡黄面皮，小小声气，穿着领翠蓝半领直缀，月白贴里，區绦乌靴。拿起一把扇来瞧，是仿倪云林笔

---

① [明] 何良俊撰：《四友斋丛说》，中华书局，1959 年，第 255 页。
② 李楚石等纂，陈其弟辑注，苏州市地方志办公室编：《吴中小志三编·弇山园记》，广陵书社，2017 年，第 276 页。

意画，一面草书。那中贵瞧了，道："画得冷淡。这鬼画符，咱一字不认得。"撩下，又看一把，米颠山水，后边钟繇体。他道："糊糊涂涂。甚么黄儿，这字也软，不中！"王勤便也知他意儿，道："公公，有上好的，只要上样价钱。"那中贵道："只要中得咱意，不论钱。"王勤便拿起一把，用袖口揩净递上。却是把青绿大山水亭台人物，背是姜立纲大字。才看，侧边一个中贵连声喝采道："热闹得好！字也方正得好！"一齐都赞。王勤又递上一把宫式五色泥金花鸟，背后宋字《秋兴》八首。那中贵又道：细的好，字更端楷。[1]

可以看到，这位太监对倪云林、米芾的书画风格嗤之以鼻，却对青绿山水和泥金花鸟大加赞赏，足见其并不懂得鉴赏书画，只是在书画收藏热潮下的附庸风雅罢了。

明末清初的书画收藏风气日盛，徽商作为后起之秀，也成为一股重要的收藏力量。据吴其贞《书画记》记载：

> 时四方货玩者，闻风奔至。行商于外者搜寻而归，因此时得之甚多。其风始于汪司马兄弟，行于溪南吴氏丛睦坊，汪氏继之，余乡商山吴氏、休邑朱氏、居安黄氏、榆村程氏，所得皆为海内名器。[2]

当然，并非所有书画收藏者都是出于个人兴趣爱好，有的是为了构建风雅生活和结识名人高士，有的则是看准了书画收藏中的巨大商机，以此获得丰厚利润。如徽商汪汝谦的古玩书画收藏和精心设计的画舫，都构成了他风雅生活的一部分。

---

[1] ［明］天然痴叟著，［清］东鲁古狂生编辑：《醉醒石》，华夏出版社，1995年，第71页。

[2] ［清］吴其贞：《书画记》卷二，辽宁教育出版社，2000年，第63页。

　　晚明时期，随着印刷技术的提高、市民文学的繁荣、书画流
通的便捷以及藏品种类的丰富，不仅收藏家为之着迷，就连普通
群众也表现出极大兴趣，如一般的士人、医生、装裱匠和僧人都
热爱此道，他们也开始购买一些名不见经传的书画作品用来装饰
厅堂。据文献记载："至如极小之户，极贫之弄，住房一间者，
必有金添桌椅、名画古炉、花瓶茶具，而铺设整齐。"①《清明上
河图》（图44）《上元灯彩图》等作品更是生动地刻画出了当时
人流拥挤、货物繁多的盛况。此外，当时的寺庙僧人也有相当收藏，
李日华就曾与友人前往寺庙观赏藏品。除了僧人，有些匠人也藏
有名迹，如著名的《韩熙载夜宴图》就曾收藏在杭州一名匠人之手，
后来这幅画才归大收藏家梁清标所有。综上可知，这一时期的书
画市场参与主体复杂化且多元化。

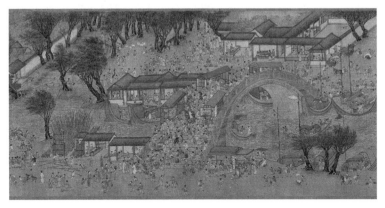

图 44［明］仇英《清明上河图》（局部），绢本设色，纵 31.3 厘米，横 1045 厘米，
辽宁省博物馆藏

---

① ［清］姚廷遴：《历年记》，见《清代日记汇抄》，上海人民出版社，1982 年。

然而，上层文人为了维持自身在书画鉴藏等方面的文化优势，极力划清与其他阶层的界限。正如柯律格在《长物》一书中所言，对十分昂贵的文化商品的收集或鉴赏是上层精英的一件秘事，他们由此能把纯粹的财富转换成象征性的资本，从而证实或加强他们的身份和地位等级。在那种相对封闭的小圈子里的鉴赏家看来，文化商品的占有只是卖弄风雅。然而拥有恰当的物品与拥有恰当的地位一样，把真正的精英与他们圈子外的那些人区分开。

二、明代书画的交易场所

明代书画交易的方式主要分为：固定店铺、书画摊肆、游贾登门求售、通过中间人进行交易、通过书画船进行交易等。除此之外，还有一些通过香市、灯市、夜市、庙市等场所进行交易。如吴其贞《书画记》中记载的一位名叫吴能远的徽人书画鉴定家，"能远，歙之西溪南人，与五凤属为兄弟。崇祯年间，家于阊门。凡溪南人携古玩出卖，皆寓能远家，故所得甚多，尽售于吴下"①。由此可知，吴氏所开店铺，其时就已具有艺术品交易集散地的性质。此外，自宋代起，便有许多专门从事书画鉴定和销售的中介人，书画交易有时还会通过中间人进行交易，明代则更盛。明代游贾与收藏家之间具有双向互动关系，一方面，有游贾会向藏家推销商品；另一方面，收藏家也会按照自身需求，托游贾代为寻找。

明代进行书画交易的固定店铺，一般都开设在繁荣的大都市中，从而面向更多广大的艺术品消费者。如杭州昭庆寺一带是古玩书画集中售卖处所在。李日华在日记中对此有所记载：

（万历四十一年）七日，小霁。沈翠水从杭回，云在昭庆寺摆摊铺，见杨一清画一轴。一清者，扬阁老邃庵也，

---

① [清] 吴其贞撰，邵彦校点：《书画记》，辽宁教育出版社，2000 年，第 208 页。

不闻其有画名，何以有此，岂其收藏题识而后人误指之耶？①

此外，由于书画交易的频繁，即使在香市关闭的情况下，两廊商铺依然开放，这也证明了昭庆寺已由原来的临时性摆摊转变为常设的固定店铺。如李日华在《味水轩日记》中对昭庆寺两廊商肆的描述：

> （万历四十年）二十九日，夜雨。前是督理织造内臣孙隆于昭庆寺两廊置店肆百余，容僧作市，鬻僧帽鞋屦蒲团琉璃数珠之属。而四方异贾亦集，以珍奇玩物悬列待价，谓之摆摊。余每饭罢，东西游行，厌而后舍去。②

李日华经常光顾这些摊肆，故也从中购得一些颇有名气的佳作，如北宋郭熙的《扶桑晓日》。董其昌也在昭庆寺购买过先秦宝鼎，并因此将自己的书斋命名为"宝鼎斋"，且刊刻《宝鼎斋帖》行世。除了像昭庆寺这种大规模的艺术品交易市场外，还有不少小型的书画商铺。

明代书画市场的繁荣与兴盛还可从当时的一些文学、绘画作品中体现出来。如绘制于明代中叶的《上元灯彩图》，该画卷长达两米，生动地描述了南京上元节集市的繁华场景。此图不仅描绘了南京古董一条街，也描绘了众多的地摊商贩，由此可见当时古物市场的繁荣昌盛。

创作于明嘉靖末年至明万历前期的《皇都积胜图》，再现了明朝中后期北京的城市风貌和生活场景。《皇都积胜图》和《上

---

① [明]李日华著，屠友祥校注：《味水轩日记》卷五，上海远东出版社，1996年，第311页。
② [明]李日华著，屠友祥校注：《味水轩日记》卷四，上海远东出版社，1996年，第251页。

元灯彩图》中所绘之买卖情景都是特殊时日的集市，热闹非凡。此外，还有描绘明代南京商业兴盛场面的《南都繁会图》，该图采用全景式宏大叙事，从旷野到闹市，从农舍到宫城，描绘了从南市街至北市街的繁荣景象。其中店铺、酒楼、官衙、寺庙、民居，车马行人，摩肩接踵，珠宝、古玩、清供、花卉等应有尽有，可见时人之奢靡，市场交易之频繁。书画交易主要是在集市贸易中进行的，是店铺贸易的重要补充。明代刘侗、于奕正同撰的历史地理著作《帝京景物略》详细记载了当时北京灯市、城隍庙市的情况：

> 今北都灯市，起（元月）初八，至十三而盛，迄十七乃罢也……市在东华门东，亘二里。市之日，省直之商旅，夷蛮闽貊之珍异，三代八朝之骨董，五等四民之服用物，皆集。①
>
> 城隍庙市，月朔（初一）、望（十五）、念五日，东弼教坊，西逮庙墀庑，列肆三里，图籍之曰古今，彝鼎之曰商周，匜镜之曰秦汉，书画之曰唐宋，珠宝象玉珍错绫缎之曰滇粤闽楚吴越者，集市族族，行而观者六，贸迁者三，谒乎庙者一。②

三、明代书画交易方式

发展至明代，古玩书画市场也日益成熟，经历了明初相对隐蔽的私下物质交易、明中晚期通过货币购买、再到明末由画商经手、市肆运作、明码标价等正规化交易方式。明代文献中已经有关于书画润格的相关记载，如以书法为例：

---

① 何香久主编：《中国历代名家散文大系·辽金元明卷》，人民日报出版社，1999 年，第 1021 页。

② [清] 于敏中编纂：《日下旧闻考》，北京古籍出版社，1981 年，第 796 页。

　　书价以正书为标准，如右军草书一百字，乃敌一行行
书，三行行书，敌一行正书。至于《乐毅》《黄庭》《画赞》
《告誓》，但得成篇，不可计以数字。画价亦然，山水竹石，
古名贤象，可当正书；人物花鸟，小者可当行书；人物大者，
及神图佛像、宫室楼阁、走兽虫鱼，可当草书。若夫台
阁标功臣之烈，宫殿彰贞节之名，妙将入神，灵则通圣，
开厨或失，挂壁欲飞，但涉奇事异名，即为无价国宝。①

　　从文献中可以看出，时人收取润格的现象已较为普遍。发展
至晚明时期，书画润格之风则更盛，如李日华在其《六砚斋笔记》
中曾公开卖书润格。但碍于情面，部分明代文人画家还是会选择
以物易物的交易形式，通过书画作品换取自身所需。如明末清初
的书画家王铎（1592—1652）在给友人的信中提到："纸条日千
张润人也，欲尽撮不律冢而藏之，题曰'颖锋落落君之纤'，光
阴可惜，一意读书，不复以雕虫为人奔走。"根据记载内容可知，
王铎疲于书画应酬，但通过书画交易他也获得了粟、墨等物品。

　　总之，明人在进行书画交易时，并非只是通过货币这条途径，
以物易物、人情应酬、登门求售等形式也被视为书画交易中的重
要方式。除了直接从书画家手中购买，通过古董商或市场交易也
是明末消费者获得书画作品的一种重要形式。古董商为获取利润，
会经常登门兜售，以李日华为例，便常有古董商登门销售，或请
帮忙鉴定和题跋，如李日华《味水轩日记》记载："二十四日，
许叔重导松客以董氏《宝鼎斋法帖》来售，凡六卷，皆思白临古
帖也。"②

　　值得一提的是，明代的一些繁华都市，水陆交通都比较便利，

① [明]文震亨撰，陈剑点校：《长物志·书画价》，浙江人民美术出版社，2019年，
　　第69页。
② [明]李日华著，屠友祥校注：《味水轩日记》，上海远东出版社，1996年，第139页。

图 45 ［明］唐寅
《江深草阁图》，
绢本浅设色，纵 84
厘米，横 36.7 厘米，
私人收藏

因此江南地区的一些文人雅士会经常行船拜访师友，这些文士们所乘坐的船只就被称之为"书画船"。傅申指出，所谓"书画船"，乃泛指乘者携有书画作品以供旅途中鉴赏，或乘者可以在其上作书画甚至兼有书画交易性的船只，均可称之为"书画船"。因此，它没有一定的尺寸、大小、规格、型质和设备。很多书画商人为了售卖方便，常乘坐书画船游走于各地，如王越石、王君政和吴其贞等人。

明代中后期，通过书画进行人情往来的例子比比皆是，如方樵逸曾将唐寅的《黄花翠竹图》作为贺礼送给李日华。又如明代书画家詹景凤给徽商方用彬的一通手札："佳册二，佳纸四俱如教完奉。又长纸四幅、中长纸六帖，听兄作人事送人可也，幸勿讶。"①此处，詹景凤给方用彬的书画作品就属于送人情，同时也告诉他也可将其转送给他人。由此可见，此时的书画作品已经成为固定媒介，在人情世故方面扮演着重要角色。

明代的书画收藏活动之所以如此活跃与当时发达的商品市场密不可分。同时也说明，文化活动与经济活动存在紧密联系，经济活动可以有力地推动文化活动的发展。藏品市场看似与文化收藏活动无关，但其实两者之间却有着千丝万缕的联系。

第四节 伪作传播对艺术市场的影响

一、伪作泛滥的原因及表现

明代中后期，江南地区文物赏玩、收藏蔚然成风。这种风气的背后是社会稳定、丰产有余、气候转暖等因素作为支撑。此时，

---

① 陈智超：《美国哈佛大学哈佛燕京图书馆藏明代徽州方氏亲友手札七百通考释1》，安徽大学出版社，2001年，第137页。

不只是一向资产富足、富有闲情的士大夫官僚可以拥有精美的艺术品、雅致的工艺品和珍贵的古籍书画，就是普通群众也积极参与进来。但当越来越多的群体追逐相同的商品时，物价自然上涨。当身处下层的平民以及知识匮乏的富商也想要参与到这类文化消费中时，伪造真迹，获取利润，便是商家牟取暴利的一个绝佳机会。根据明代詹景凤在其《性理小辨》中的叙述，嘉靖时期（1522—1566）可见的书画真迹尚不多：

> 文待诏书画本朝无双，然彼与何翰林元朗（何良俊）论书画真迹，断自元始而未敢信宋之有真迹一，何见之狭也，缘是时名迹在人间者未出。①

詹景凤记载文徵明（1470—1559）在世时曾与何良俊（1506—1573）一起讨论书画真迹，文徵明认为在元朝之后几乎无法看到宋代的真迹。文徵明卒于嘉靖三十八年（1559），据此可知16世纪中叶书画真迹在民间少有流通。真迹本就稀少，再加上时人对名迹的疯狂追逐，遂造成书画作伪久盛不衰。书画商贩为了利益更是不遗余力地进行造假。

当供不应求、古物难得、古董难寻的情况下，明后期的士人也开始扩大搜购范围，对本朝乃至当代的工艺品和书画作品产生兴趣。如沈德符在其《万历野获编》中说道：

> 玩好之物，以古为贵。惟本朝则不然，永乐之剔红，宣德之铜，成化之窑，其价遂与古敌。盖北宋以雕漆擅名，今已不可多得，而三代尊彝法物，又日少一日，五代迄宋所谓柴、汝、官、哥、定诸窑，尤脆薄易损，故以近出者当之……诸大估曰千曰百，动辄倾橐相酬，真赝不可复辨。

---

① [明]詹景凤著，刘九庵校点，刘凯整理：《詹氏性理小辨》，上海书画出版社，2020年，第310页。

以至沈、唐之画，上等荆、关；文、祝之书，进参苏、米。
其弊不知何极。①

王世贞也说："画当重宋，而三十年来忽重元人，乃至倪元镇，
以逮明沈周，价骤增十倍……大抵吴人滥觞，而徽人导之，俱可
怪也。"②即便是近时画家的画作都被拿来和五代时期的作品等量
齐观。然而，即便是加入了当代或近时的法书名画，依旧无法满
足市场的巨大需求，以至于假货横生。如果仿造得足够逼真，即
便是资历较深的鉴定家也无法判定真伪，因此而陷入窘境。此外，
针对不同财力和学识的消费人群，还出现了不同等级的赝品，以
满足各个层级的具体需求。

明代书画的作伪地区主要集中在江南地区，其中又以人文荟
萃的苏州为中心。从明中期开始，苏州地区就出现了书画造假的
现象，但还未形成气候。后来作伪风气逐渐开始泛滥，苏州不仅
作伪风气极盛，且作伪技术高超。明顾炎武《肇城志》一书就记载：
"姑苏人聪慧好古，亦善仿古法为之，书画之临摹，鼎彝之冶淬，
能令真赝不辨。"③为了谋生，获取薪资，当时一些颇有名望的书
画家也不得不从古董、书画作伪中牟利。明万历年间，江南地区
以苏州为主，设立了很多专门仿制古画的作坊。沈周和文徵明的
作品是当时作坊最常造假的对象，尤其是两人不加计较的态度，
更加助长了这种造假风气的盛行。据何良俊《四友斋丛说》记载：

凡吴中收藏书画之家，有以书画求先生鉴定者，虽赝
物，先生必曰："此真迹也。"人问其故，先生曰："凡

① 张小庄、陈期凡编著：《明代笔记日记绘画史料汇编·万历野获编》，上海书画
出版社，2019年，第531页。
② 张小庄、陈期凡编著：《明代笔记日记绘画史料汇编·觚不觚录》，上海书画出版社，
2019年，第177页。
③［明］王士性撰，吕景琳点校：《广志绎》，中华书局，1981年，第33页。

买书画者，必有余之家。此人贫而卖物，或待此以举火。若因我一言而不成，必举家受困矣。我欲取一时之名，而使人举家受困，我何忍焉！①

除了"客观"作伪，还有一种常见的"主观"作伪，即书画名家为了应对繁杂的应酬交际，他们会主动寻求与自己书画风格相近的人进行代笔。如明末大家董其昌，就经常找人代笔，其代笔者有吴易、赵左、沈士充和吴易等人。这类代笔人一般是作者的弟子或亲属，如有文徵明落款的很多书画作品都是其弟子朱朗和钱谷等人创作的。

二、苏州片和苏州片作坊

明代的书画作伪手法日趋全面且更加巧妙，可谓是层数不穷、出神入化。明代书画伪作中最为常见的就是"苏州片"，其特征是以青绿山水、工笔重彩花鸟和工笔设色或白描人物为主。关于苏州片，就目前所知，是由陈定山（1897—1987）于《申报》发表的《醉灵轩读画记》较早提及：

……至明末，唐、仇辈出，坊间相率仿效，赝鼎益夥，即所谓苏州片者。其画多作？金碧人物山水，敷色浓整，是俗人之仿古也。然自乾、嘉以后，此物亦成稀世品。欲求真作杰构尚可得哉？②

之后他又在《申报》上再次提到苏州片：

古有所谓苏州片者，多假托唐、仇，务为工致，几可乱真。盖画家作伪，不自今日始矣。"③

① 周道振、张月尊著：《文徵明年谱》，中华书局，2020年，第529—530页。
② 小蝶（陈定山）：《醉灵轩读画记》，《申报》，1923年1月12日，第8版。
③ 小蝶（陈定山）：《醉灵轩读画记》，《申报》，1923年10月6日，第8版。

当然，"苏州片"并不是明代后期流行的唯一假工艺美术品或假古董，还有很多其他的作伪方式和手法。

而关于苏州片作坊，杨仁恺在其《中国书画鉴定学稿》中有所提及："'苏州片'一词专指那些以作坊形式出现、依蓝本组织人员分工合作生产、以销售牟利为目的的"仿古"书画而言。"①遗憾的是，目前尚未有关于苏州片作坊的具体分工情况，但如果这些作坊的效率不够高效，就无法在短时间内生产出数量如此庞大的苏州片，来满足市场需求，以获取利益。这类苏州片作坊应是有效地利用了相似的人物、服装、场景、道具组合出种类多样的商品，并出现"一稿多本"的生产现象以及与其配合的专业团队存在。或许正如杨仁恺所言：

> 从传世的"苏州片"作品来看，作品分工合作的特点明显，作坊中起稿定型、线描皴染、人物树石、亭台楼阁等由不同人绘制，之后再完成配置跋文、加钤作者印章和收藏玺印、书画装潢等多道工序，所有人各司其职。这种作坊合作方式的前提是必须要有统一的蓝本作共同依据，而且作品会有许多副本一起流传于世。②

值得注意的是，画家仇英与苏州片的关系颇为密切，最有名的苏州片作品就是仿造仇英真迹的《清明上河图》《桃源图》和《璇玑图》。苏州片多为叙事画，有一定的故事情节，而善于精细描绘人物故事画的仇英自然就备受欢迎。此外，托名为仇英和文徵明合作的苏州片也是当时艺术市场上较受欢迎的一类，如台湾故宫博物院就有很多此类收藏，两人合作必然是市场上热卖的保证。此外，前代作品如唐代山水画家李思训和李昭道、宋代白描画家

①杨仁恺：《中国书画鉴定学稿》，辽宁人民出版社，2015年，第292页。
②杨仁恺：《中国书画鉴定学稿》，辽宁人民出版社，2015年，第293页。

李公麟、五代花鸟画家黄筌和徐熙等，都是造假者善于伪造的对象。此外，作伪者还会仿造宋元时期知名书画家们的书法和题跋。苏州片虽然存世较多，却没有得到应有的重视。苏州片不但是画史上"传移摹写"的发挥、明末清初古物热的体现，还是苏州图文传统的扩散与再创造，牵扯的研究面向宽阔且丰富。此外，苏州片对后续清宫院体绘画也产生了深远影响，特别是乾隆年间出现的"仿古"新作。

当然，除苏州以外，还有一些地区的作伪风气也极盛，如南方的松江、南京、绍兴、湖州、嘉兴、南昌、长沙、广东，北方地区的北京和开封等地。开封一带的伪作被称为"开封货"，长沙地区的伪作被称为"长沙货"，北京地安门附近的书画伪作被称为"后门造"，广东地区的伪作被称为"广东造"。这些地区的作伪手段都极其高超，造假之风也愈演愈烈，一直持续到清代甚至近代。

三、书画作伪的方法与手段

1. 作伪的方法与手段

自书画进入流通市场以后，伪作之风就再也没有停息过。早在晋、唐时期就有伪作流通，宋代以后，随着收藏之风的盛行和书画市场的活跃，出售书画逐渐成为一种获利手段。造假者根据作品的创作年代、作者的知名度、作品的创作水平以及传世作品的多寡等因素决定作品的价值。发展至明代中晚期，随着工商业的发达、书画市场的繁荣、好古之风的盛行以及收藏家和好事者的增加，都在一定程度上促进了古物、书画作伪的泛滥。明代作伪地区广泛、作伪人数众多、作伪手段多变，这些都远远超以往时期，遂形成中国历史上的第二次作伪高潮。

古书画造假的手段虽然很多，但概括起来大致可分为临、摹、仿、造、代笔和对真迹的改造等几种方式。明代书画作伪在手法

图 46 [明] 仇英《桃源仙境图》，
绢本大青绿，纵 175 厘米，横
66.7 厘米，天津博物馆藏

图 47［明］李在《阔渚遥峰图》，绢本水墨，纵 165.2 厘米，横 90.4 厘米，
故宫博物院藏

上比前代更加新颖和高超，如挖旧款改新款，在本就无署款的书画作品上添加名人款等。明初，时人喜欢宋代书画作品，于是作伪者就专门伪造宋代名画或将明代院体画风的作品进行挖款，换成宋代的名家名款，以此换取高额利润。明初水墨山水与宋代院体风格较为相似，作品一般都只留有作者姓名，作伪者就利用这一特点，将明画挖款，洗改为宋画，以增加其价值。如将明代画家李在《阔渚晴峰图》（图 47）的右下角加上宋代郭熙的伪款，以冒充宋画。关于将明代院体画风的作品改造成宋代名迹之事，诸多文献著录上也有所记载，如清代顾复《平生壮观》卷十林良条云："迩来三人（即指林良、吕纪、戴进）之笔寥寥，说者谓洗去名款，竟作宋人款者，强半三人笔也。"以致后来明代院体画传世稀少，这与当时为谋取高额利润从而将明画改头换面，充当宋画有很大关系。当时技艺高超的书画作伪者人数众多，如徽州人王仲嘉，他"涉猎经史，讲究超人，善摹祝枝山行楷，可以乱真"[1]。

当时名气较小的画家作品也经常被改造成大家之作，如江南士人白麟就"专以伉壮之笔，恣为苏、黄、米三家伪迹，人以其自纵自由，无规拟之态，往往信为真，此所谓居之不疑，而售欺者。"[2]

由于明代识字率的提升与文化活动的繁荣，加上艺术家与世俗靠拢的倾向，使得当时的艺术市场呈现出一片活跃景象。一般民众喜欢借由画作标榜自身形象，或者从中获取转售的利润；艺术家也努力凸显自己的形象，使其作品得到更好的销售。在市场经济发展的如火如荼之时，也出现了另一种作伪方式即书画代笔现象。书画代笔的现象向来有之，如元代赵孟頫曾为其妻代笔。发展至明代，书画代笔的现象更是大为流行，郑文指出："代笔

[1] [清] 吴其贞撰。邵彦校点：《书画记》，辽宁教育出版社，2000 年，第 9 页。
[2] 邓之诚著，邓珂增订点校：《骨董琐记》，中国书店，1991 年，第 153 页。

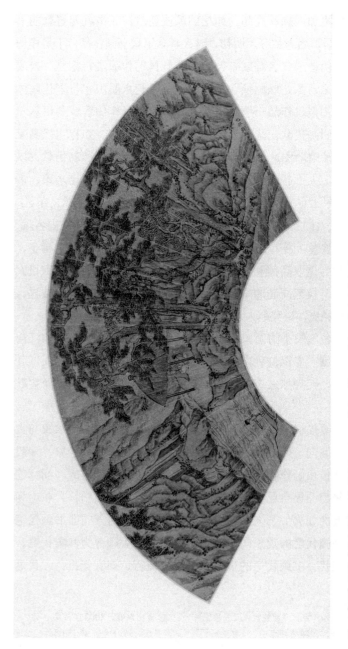

图 48 [明] 钱榖《观泉图》，扇面设色，纵 38 厘米、横 17.5 厘米，香港艺术馆藏

的形式也是多样化的，有的是画家为自己找的代笔，如沈周令弟子临摹他的作品。文徵明经常请弟子朱朗（生卒年不详）、钱毂（1508—?）作自己的代笔画。唐寅和周臣则互为代笔。还有的则请人代笔后，画家自己题款，最典型的就是董其昌。"① 王春瑜也提到："在南方的名城杭州，'其俗喜作伪，以邀利目前，不顾身后'……专以欺骗顾客为能事，以致当时民谚有谓：'杭州风，一把葱，花簇簇，里头空!'"② 这也说明当时书画的市场需求量之大，以致于代笔和赝品泛滥成灾，当然，这也为后世的书画鉴定带来了很大的麻烦与困扰。

除上述作伪方式外，还有不少作伪者利用旧装裱进行造假，即所谓的偷梁换柱。如有些名家的卷轴四周有其友人或其他名家的题跋及收藏印章，作伪者就利用这些填配假画，董其昌的绢本山水画《爱吾庐书画记》其裱边原有几十人题跋，现留存下来的《爱吾庐书画记》依旧有当时的全部题跋，但是却变成了纸本，裱背也用了旧色纸，很明显这是在以假乱真、偷梁换柱。除了仿造真迹，通过对画纸等材料进行作伪也随处可见。如明代江南的书画作伪者在仿造前代名帖时，对纸张做旧就有一套系统的方法：

> 吴中近有高手赝为旧帖，以竖帘厚粗竹纸，皆特妙也，作夹纱搨法，以草烟末香烟熏之，火气逼脆本质，用香和糊，若古帖臭味，全无一毫新状。入手多不能破，其智巧精采，反能夺目，鉴赏当具神通观法。③

除了草末以外，被用以熏纸做旧的原料还有桦皮。

现留存至今的古代书画赝品有相当一部分是当时的高手所为，

① 郑文：《江南世风的转变与吴门绘画的掘兴》，上海文化出版社，2007年，第91页。
② 王春瑜：《明清史事沉思录》，陕西人民出版社，2007年，第37页。
③ [清] 倪涛编，钱伟强等点校：《六艺之一录·屠隆考槃余事》，浙江人民美术出版社，2015年，第3890页。

具有十分重要的艺术价值和文物价值，这对今天的书画鉴定也有一定的参考价值，值得不断地研究探讨。

2. 作伪者

制作赝品毕竟不是体面的职业，即使是技艺高超的作伪者也大多是隐姓埋名，不予公开。因此，很多书画作伪者的姓名和生平经历不得而知。偶有几位作伪者被人载于书画史或个人笔记中，被后人知晓。如詹僖、王涞、朱朗、王彪、袁孔彰、朱生、李着、吴应卯、文葆光等。现就个别作伪者作一简要介绍。

詹僖，活跃于 16 世纪，字仲和，钱塘（今浙江杭州）人，他是赵孟頫书法和吴镇墨竹的作伪者。詹僖作伪不拘泥于临摹原作，而是随性发挥，仿其大意，用笔非常自然。不足之处是笔法轻佻，偏锋一律，缺少变化。所造赵孟頫行书，行笔迅疾，缺少赵氏之圆劲姿媚。仿吴镇墨竹，则笔法轻飘厚滑，缺少吴镇之雄浑挺劲。

王涞，字茗醉，获溪人，约活动于 15 世纪末至 16 世纪前期。与沈周同时，画法类沈周。据明文震孟（1574—1636）云：

> 获溪王氏，世有闻人，而茗醉尤称风雅，与沈启南先生盖同时同调，其翰墨风流亦相亚也。然世咸知沈先生而不知茗翁，层峦叠嶂，往往割其名而托之沈以传……不睹标题，鲜不以为白石翁手笔矣。①

杨文骢亦云："闻先生以风流翰墨自娱，不欲标榜于世，平生所制，往往识石田以隐之，故世俗鲜知之者"。②从文、杨之言，可以看出，王涞的作品一般都被改款为沈周作品，他自己也模仿沈周画。

朱朗，字子朗，号青溪，吴县（今江苏苏州）人，活跃于 16 世纪。

---

① 国家文物鉴定委员会编：《文物鉴赏丛录》，文物出版社，1994 年，第 91 页。
② 国家文物鉴定委员会编：《文物鉴赏丛录》，文物出版社，1994 年，第 91 页。

图 49 ［明］朱朗
《秋树清泉图》，
绫本水墨，纵 100
厘米，横 47 厘米，
私人收藏

据徐沁《明画录》载：朱朗"学画于文徵明，乃以写生花卉擅名，鲜妍有致；其山水与文徵明酷似，多托名以行"①。又据姜绍书《无声诗史》记载：

> 徵仲应酬之作多出于子朗手。金陵一人，客寓苏州，遣童子送礼于子朗，求徵仲赝本。童子误送徵仲宅中，致主人之意云云。徵仲笑而受之曰："我画真衡山，聊当假子朗可乎？"一时传以为笑。②

朱朗所作青绿山水，虽然与文徵明有诸多相似之处，但始终缺少文氏作品中的清刚秀润之气。由于文徵明应酬较多，也经常主动请朱朗代笔。

袁孔彰，字叔言或叔贤，吴县（今江苏苏州）人，活跃于16世纪末至17世纪初。据姜绍书《无声诗史》卷七载，其"作画精于仿古，所摹宋元名家泊今文、唐之迹可以乱真。吴人每倩叔贤传写赝本，饰以款，即锦褒玉轴，为米巅狡狯，倘鉴别未深，鲜不信以为真也。"③袁孔彰作伪技艺非常之高，学沈周、文徵明、唐寅，用笔精秀工整，落笔不苟。

文葆光，号停云，文徵明第五世孙，活跃于16世纪末至17世纪前期。其书法学祝允明，专门伪造祝允明草书，有时也伪造文彭草书。其书法赝品至今仍有流传，如故宫博物院就藏有他的本款行草《七言诗》诗扇以及他伪造祝允明款行草《七言诗》扇。文葆光的用笔特点是锋芒毕露，多出轻滑浮躁之笔，笔画疲软且无韵致，与祝允明潇洒劲健的书风相去甚远。

王彪，画史称作"黄彪"，号震泉，苏州人，嘉万年间颇有

---

① [明]徐沁：《明画录》，华东师范大学出版社，1970年，第63页。
② 张小庄、陈期凡编著：《明代笔记日记绘画史料汇编·金陵琐事》，上海书画出版社，2019年，第220页。
③ 姜绍书：《无声诗史》，《续修四库全书》1065册，上海古籍出版社，第530页。

名气的书画作伪高手。擅长作画，尤精工笔，设色艳丽，画法近仇英，传世众多的仇英伪作，很有可能出于其手笔。尝仿张择端《清明上河图》，几欲乱真。其子景星也"精于仿古"。

吴应卯，字三江，江苏无锡人。祝允明外孙，书法学祝允明能以假乱真。根据吴劲木等人主编的《中国古代书法家辞典》"吴应卯条"可知，吴应卯，善行、草书，学祝允明（枝山）书惟妙惟肖。其伪作祝允明60岁左右书法甚多，款署'枝山''枝山老人'。但他自署名款的作品却流传很少。明末后四百余年间，应卯伪作之祝允明书，一直被误认为系祝允明另一种面貌之真迹，直至近十多年前，专家们根据天津历史博物馆收藏吴应卯于万历五年（1577）长至日为初阳先生书《草书五言诗》卷《署吴应卯自己名款》，将其与伪祝氏款书法比较，才辨明吴应卯伪祝书之真面目。

李著，字潜夫，号墨湖，金陵（今江苏南京）人，初学沈周之门，得其法，后改学吴伟，专作吴伟假画。据姜绍书《无声诗史》载：他"童年学画于沈启南之门，学成归家，只仿吴次翁之笔以售，缘当时陪京（南京）重次翁之画故耳。"[1]

明末清初，书画等古董利润很大，书画作伪者甚多，但由于种种原因这些作伪者大多都无迹可寻，现只是根据零星材料定位出来一些作伪区域和作伪群体。

四、伪作传播对艺术市场的影响

明代中晚期狂热的艺术收藏不但促进了艺术市场的发展，也造成了大量伪作的制造与传播。伪作的产生由来已久，如东晋时期对王羲之作品的作伪，时人称"买王得羊，不失所望"。[2]北宋

---

① 张小庄、陈期凡编著：《明代笔记日记绘画史料汇编·金陵琐事》，上海书画出版社，2019年，第218页。

② [唐]张彦远纂辑，刘石校理：《法书要录校理·述书赋上》，中华书局，2021年，第270页。

时期，李公麟因画名在外，也被不同程度伪造。又如元代，文同因画墨竹闻名，但其真迹却流传甚少。据柯九思称，其生平所见文氏墨竹数百本，而真者不过数十余。到了明代初期，书画赝品就已充斥于艺术市场，明代后期则更甚。如宋代书画家米芾的赝品，在当时可谓是数不胜数。据李日华《六研斋二笔》载："如米氏者，江南伪本不知其几"①。晚明时期赝品的数量甚至远远超过了真迹的数量。精于鉴赏的李日华就曾连续几日看到赝品，无一真迹，遂感叹道："近日贾客连舻溢舰，纨袴游从，逐逐相往来者，率此物也，为之三叹！"②

伪作虽然被鉴藏家所不齿，但其发展规模和影响范围却是极大的。可以说伪作的大量出现是艺术品市场化加深的表现，也是书画古玩等艺术品在民间加剧流动的表现。当然，伪作之所以层出不穷，其根本原因在于经济利益的驱使。此外，藏品交易量的迅速提升也是促成这一状况的关键因素。在艺术品市场中，伪作被当作真品出售，其获利空间可想而知，伪作带来的利润有时甚至可高达百倍。因此，在这种巨大的利益驱使下，艺术品赝品愈演愈烈。

伪作与中国书画共生共存，伪作的兴盛与衰败与社会因素有很大的关系。经济水平的提高推动了城市和商业的发展，也为伪作的出现提供了物质基础。伪作虽然使整个艺术市场良莠不齐、鱼龙混杂，但从另外一个角度看，伪作在一定程度上也成就了一些人，如王宠书史形象的建构就与其大量伪作流传有很大关系。仇英之所以成为与沈周、文徵明、唐寅同日而语的大家，除了与其精湛的绘画技艺有关，也与苏州片中大量归于仇英的伪作有关。

---

① [清] 倪涛编，钱伟强等点校：《六艺之一录·米芾》，浙江人民美术出版社，2015年，第6821页。
② 张小庄、陈期凡编著：《明代笔记日记绘画史料汇编·六研斋笔记》，上海书画出版社，2019年，第459页。

因此，伪作并非只有负面影响而没有积极意义。

发展至明后期，明人一改重宋风尚转而喜爱元人作品，这显然与当时占据主导地位的"吴门画派"和"松江画派"的审美趣味有关。那些学习"元四家"绘画风格的明代画家如沈周、祝允明、文徵明、唐寅、仇英、董其昌等人的作品，颇受欢迎，价格"骤增十倍"。因此，也就不可避免地出现了大量模仿他们的伪作。为了谋取更大利润，明末上海人张泰阶于崇祯六年（1633）编成的《宝绘录》一书，全系伪作，但这批伪作，绝非一人所作，可能出于专门作伪的书画作坊。

五、书画收藏与鉴定的趋向

1. 时代趋向

以古为贵是历代书画定价的一般规律，明代中后期的书画价格特点显然也符合这一规律。如李日华在为陈道复的一幅草书作跋时写道："今人重古蔑今，留五百年后酬善价。"高濂也曾说："又如古人之画，愈玩愈佳，笔法圆熟，用意精到，以人趣仿模物趣，落笔不凡，而天趣发越。今人之画，人趣先无，而物趣牵合，落笔粗庸，入眼不堪玩赏，何用伪为？"[1]

如要收藏墨迹法帖则越古越好，高濂《遵生八笺》、文震亨《长物志》中都持此观点，如"书学必以时代为限，六朝不及魏晋，宋元不及六朝与唐"[2]。绘画则要分题材来看，"佛道、人物、仕女、牛马，近不及古，山水、林石、花竹、禽鱼，古不及近……故蓄书必远求上古，蓄画始自顾（恺之）、陆（探微）、张（僧繇）、

---

[1] [明] 高濂撰，李嘉言点校：《燕闲清赏笺·论画》，浙江人民美术出版社，2019 年，第 80 页。
[2] 张小庄、陈期凡编著：《明代笔记日记绘画史料汇编·长物志》，上海书画出版社，2019 年，第 554 页。

吴（道子），下至嘉、隆名笔，皆有奇观"①。至于藏书，则以宋刻最为珍贵，"宋、元刻书，雕镂不苟，校阅不讹，书写肥细有则，印刷清朗……"②。

虽然如此，但《万历野获编》的记载却与之有所不同："玩好之物，以古为贵。惟本朝则不然，永乐之剔红，宣德之铜，成化之窑，其价遂与古敌……以至沈（周）、唐（寅）之画，上等荆（浩）、关（仝）；文（徵明）、祝（允明）之书，进参苏（轼）、米（芾）。其敝不知何极"③。

沈氏的记载，反映了"今与古敌"的现象，两种不同现象其实并不矛盾。而之所以出现"今与古敌"的原因之一就是古器物逐渐减少，开始出现供不应求的状况；其二就是江南好事者"倾囊相酬"；其三是则是受到"厌常喜新，标奇览异"的士风影响。据明末清初的思想家顾炎武说："盖自弘治、正德之际，天下之士，厌常喜新，风气之变，已有所自来。"④书画消费者常厌常喜新，慕奇好异。

2. 收藏趋向

明代后期，收藏趣味逐渐向文人画转移，院体开始画受到冷落。就整体而言，"重宋"胜于"重元"，但到了万历时期，宋画被视为"巧太过而神不足"的院体画，收藏家开始钟情于元画。如高濂《遵生八笺》记载："今之评画者，以宋人为院画，不以为重，

---

① 张小庄、陈期凡编著：《明代笔记日记绘画史料汇编·长物志》，上海书画出版社，2019年，第554页。
② ［清］叶德辉撰，张晶萍点校：《书林清话·宋元刻伪本始于前明》，岳麓书社，2010年，第234页。
③ 张小庄、陈期凡编著：《明代笔记日记绘画史料汇编·万历野获编·时玩》，上海书画出版社，2019年，第531页。
④ 徐世昌等编纂，沈芝盈、梁运华点校：《清儒学案·亭林学案上》，中华书局，2008年，第302页。

独尚元画，以宋巧太过，而神不足也。"[1] 由"重宋"到"重元"的转变是有多方面原因的，其一是北宋书画的存世量太少，无法满足大众需求；其二是文人阶层的收藏趣味开始发生转移，以区别于商贾等大众的审美趣味。当然，其时也有一些书画鉴定理论家坚持宋画胜于元画的观点。

具体而言，明代书画收藏家对藏品的要求趋向于精、齐、全。收藏的第一要义就是精而不杂。正如文震亨在《长物志·书画》条中所言："书画名家，收藏不可错杂。大者悬挂斋壁，小者则为卷册，置几案间。"[2] 作为文徵明的曾孙，眼光独到的文震亨历数了历代、当代值得收藏的书家七十三位，从"二王"父子到董其昌；画家七十八位，从王维到仇英、陆治，都是素享声誉者；当朝的书家陈璧、姜立刚，尽管笔墨有画院气，但因为他们人品可敬，也值得收藏。这些也逐渐成为明代收藏家所遵循并践行的收藏准则。

此外，明代收藏家还讲究藏品的齐和全。如收藏家华夏偶然得到《淳化阁帖》六卷，然因不全，深以为憾。后经文彭告知，于书贩处又购得三卷，但仍旧不全。隆庆六年（1572），华夏收藏的《淳化阁帖》被项元汴收藏。某日进京，项氏于古董商处又见一卷，急忙买下，这才合已有的九卷为十卷。明代收藏家的藏品虽比较繁杂，但有些收藏家已开始专注于某一类藏品，试图做到收藏品类的专和精。

① [明] 高濂撰，李嘉言点校：《燕闲清赏笺·论画》，浙江人民美术出版社，2019 年，第 76 页。

② 张小庄、陈期凡编著：《明代笔记日记绘画史料汇编·长物志》，上海书画出版社，2019 年，第 555 页。

第四章 对明代文人鉴藏活动的形塑

　　明代文人除了致力于读书之外，还借由日常闲赏清玩，增添各方面的广博知识，其搜藏题材遍及器玩、书画、玉石、茗酒、琴弈、花草等清物之品题，一则避俗逃名，顺时安处而得清闲之趣；一则彰显个人不与人同的性情，标立独树一格的生活品位，进而沉涵于其中，甚或痴癖为美，形成独特的美感情趣雅致。

　　搜藏书画、古物、文玩，是文人于读书之外的重要生活寄托。也有部分明代文人在退隐后，专心投入到古物文玩的鉴赏中去，过着雅致无忧的文人生活。明代中晚期，文人士大夫在园林、书斋、集市中把玩和鉴赏古物的场景开始在一些绘画中得到表现，并逐渐受到市场欢迎，成为艺术家热衷表现的绘画题材。如杜堇《玩古图》（图 50）、仇英《竹院品古图》（图 51）、尤求《品古图》（图 52）、张翀《育鉴图》、崔子忠《桐荫博古图》以及曾经被认为是宋、元绘画的刘松年《博古图》、钱选《鉴古图》和佚名款《宋人博古图》。现已证明，以上托名为宋元时期的绘画作品实际均为明人所摹。另外，还有不少只有著录未见实物的作品，如宋代米芾《宝晋英光集》中提到的《西园雅集图》、明代汪珂玉《珊瑚网》中著录陈宪副的《东坡博古图》等。

　　总结该时期以文人鉴赏古玩书画为题材的绘画作品，可以发现其有较为固定的创作模式：画面多表现文士聚在一起雅玩博古的场面。画面构成与创作模式基本沿袭传统人物画中的文人雅集形式，或在室内书房，或在室外园林中进行。文士把玩的古物又以青铜器、玉器、瓷器和书画为主要类型，从而在画面中营造出一种古雅闲适的文化气息。鉴赏古物的文士围拢在桌案两旁。还有奇石、屏风、栏杆、松竹芭蕉等元素点缀其中。不远处有烹茶的童子和明艳的侍女陪伴在侧。整幅画面清幽脱俗，富于闲情雅致，如明代杜堇《玩古图》、尤求《松阴博古图》（图53）、仇英《竹园品古图》以及崔子忠《桐荫博古图》等作品。

图50［明］杜堇《玩古图》，绢本设色，纵126.1厘米，横187厘米，台北故宫博物院藏

　　明代崇古之风之所以如此盛行，也是当时经济繁盛、文化需求的内在体现。类似于仇英《竹院品古图》、郑重《品古图》、张翀《鉴古图》等文人博古图的产生原因也是多方面的。但其中最重要的原因主要有三个：一是明代江南地区鉴藏之风的盛行；二是明代古器造假成风，辨明真伪已成普遍需求；三是明代好古人士从视觉和心理上对古器物的内在需求。明代沈德符在其《万历野获编》中将当时的收藏者分为世家、权贵、富商等，他指出

图 51 [明] 仇英《竹园品古图》, 绢本设色, 册页, 纵 41.1 厘米, 横 33.8 厘米, 故宫博物院藏

图 52 ［明］尤求《松阴博古图》，
纸本水墨，108.6 厘米，横 33.6 厘米，
台北故宫博物院藏

社会上鉴藏之风盛行，大批巨商权贵趋之若鹜，从而导致假古董应运而生，古物鉴定也因此成为当时的热门行业。如王士性在《广志绎》描述苏州文化市场的繁荣时说：

> 姑苏人聪慧好古，亦善仿古法为之，书画之临摹，鼎彝之冶淬，能令真赝不辨。又善操海内上下进退之权，苏人以为雅者，则四方随而雅之，俗者，则随而俗之，其赏识品第本精，故物莫能违。又如斋头清玩、几案、床榻，近皆以紫檀、花梨为尚，尚古朴不尚雕镂，即物有雕镂，亦皆商、周、秦、汉之式，海内僻远皆效尤之。①

在明代中后期奢靡成风的社会背景下，文人博古图的绘制还有一些炫耀的成分在里面。有钱有闲阶层于声色犬马之隙，不忘附庸风雅，于是文化消费如火如荼。文化消费具有休闲性与夸示性，而书画无疑是最能体现这两大特征的商品。文人博古图大多表现的是文士鉴赏古物、书画的场景，而钟鼎彝器、卷轴书画、陶瓷古玩等古物不仅是表明社会身份的奢侈品，也是体现其文化品位的符号。

对于明人而言，古器物等文玩书画不再是被仰视的对象，而是作为一种玩赏之物。胜客晴窗，出古人法书名画，焚香评赏。这是明代后期有闲阶层的日常生活场景之一。如陈继儒在《妮古录》序中说："予寡嗜顾性，独嗜法书名画及三代秦汉彝器瑗璧之属，以为极乐国在是。"信非虚言！书画消费既可以"消永日"，彰显自己有闲，又可以"汰俗情"，彰显自己的文化品位。因此，博古题材的出现，不再单纯是文人崇古，还是非文人群体借古人古物表达对于文化身份的追求。古董书画的有无也成为明代后期辨别雅俗、清浊的标尺，古物也成为一种财富与身份的象征。

---

① [明] 王士性撰，吕景琳点校：《广志绎·两都》，中华书局，1981 年，第 33 页。

第一节 藏品概述

一、青铜彝器

从禹铸九鼎开始，青铜器便成为历朝所追捧与收藏的对象。自古以来，青铜器物一直承载着"隆礼作乐"的重用，是中国古代礼制与器制的反映。在青铜器、玉器、瓷器和书画等古物中，明人尤其喜爱青铜器和书画。随着明代好古、玩古、鉴古风尚的兴起，明人开始积极购藏古鼎彝器，将其布置于自己的生活空间。不同于前朝的是，流行于先秦时期的鼎、爵、尊、壶等祭祀物在明代已经转变为人们"置之高斋，可足清赏""鉴家当共赏"的重要雅玩之物和鉴藏对象。如明代高濂的《燕闲清赏笺》，不仅对青铜器进行了细致分类，还最早记载了明人对仿古青铜器物的鉴赏趣味。他还对不同青铜器古为今用的状况做了详细说明：

> 轩辕球镜，可作卧榻前悬挂，未必远邪，聊取意耳。[①]
> 古铜腰束绦钩甚多，有盈尺长者，其制不一，有金银碧填嵌嵌者，有片金商者，有等用兽面为肚者，皆三代物也。他如羊头钩、螳螂捕蝉钩，缕金者皆秦汉物也。无可用处，书室中以之悬壁、挂画、挂剑、挂尘拂等用，甚雅。若雁足灯、凤龟灯、有柄行灯，用以秉烛；驼灯、羊灯、犀灯，用以燃油。此皆文具一器。又如盈尺浅盘，有三足者，制极精雅，乃古之承盖盘也。盖如圆盂，有耳环摄手，此汉物也。古彝皆有舟，舟即今之承盖盘也……凡此数者，岂皆吾人所不当急，而为玩物例哉？书斋清赏，

---

① [明] 高濂撰，李嘉言点校：《燕闲清赏笺·清赏诸论》，浙江人民美术出版社，2019年，第33页。

图 53［商］佚名《拓商觚四件》，纵 15.1 厘米，横 10.7 厘米，故宫博物院藏

图 54 [商] 佚名《拓商舶四件》，纵 15.1 厘米，横 10.7 厘米，故宫博物院藏

藉此悦心，当与同调鉴家品藻。①

此外，明人还认为青铜古物有助于养生，董其昌《骨董十三说》载："列而玩之，若与古人相接欣赏。可以舒郁结之气，可以敛放纵之习。故玩骨董有助于却病延年也。"② 其时，明人赋予古铜器不同以往的新的文化意义。

由于明代收集青铜器的藏家较多，以至于出现了供不应求的现象。许多作伪者也借此商机将古器物残片和仿古器物结合，以假乱真，获取暴利。明代仿古铜器主要是仿商至汉魏六朝的一些精美之器，如鼎、簋、觚、卣、罍、尊、钟、砚滴等。这些仿古器物在造型和装饰纹样等方面的仿造水平都高于宋代。除了仿古青铜器物，宣德炉和铜钟也是明代铜器制品中的重要一类。1635年的《帝京景物略》，就反映了当时关于青铜等古物的市场行情：

> 图籍之曰古今，彝鼎之曰商周，匜镜之曰秦汉，书画之曰唐宋，珠宝、象、玉、珍错、绫锦之曰滇、粤、闽、楚、吴、越者集。夫我列圣，物异弗贵，器奇弗作，然而物力蕴藉，匠作质良……③

二、法书名画

明代古物收藏风气兴盛，古籍书画也是其中的重要组成部分。碑帖、玉石、钟鼎等古物，凡有可为圭宝或流传子孙者，文人常视为生活品位与精神寄托。明代诗人冯梦祯（1548—1606）的"快雪堂"，就是因为获得了东晋书法家王羲之的行书《快雪时晴帖》

---

① [明] 高濂撰，李嘉言点校：《燕闲清赏笺·清赏诸论》，浙江人民美术出版社，2019年，第33页。
② [明] 董其昌撰，严文儒点校：《骨董十三说》，上海书画出版社，2013年，第195页。
③ [明] 刘侗、于弈正著，崔瞿校注：《帝京景物略》，上海远东出版社，1996年，第241页。

而命名。冯梦祯非常欣赏王羲之《快雪时晴帖》中的表现手法：即用笔圆润，笔锋内敛不露，行气解体平稳匀称，具有优美流畅的韵意。他将其视为法帖中的逸品，读书之余，皆予以欣赏把玩。吴兴沈伯凝的"彝斋"可谓是"左琴右书，燕几在席"，他不仅好学读书，更是勤于对古鼎彝尊、金石法书的搜集：

> 吴长洲沈伯凝氏，好学而勤于古。鼎彝、尊敦之器，金石、法书之迹，以至于图画、象物珍异之玩，一见辄能别识，定其久近高下，是非良否之。自湖海间，号称好古博雅者，无不叹其知鉴。①

此外，还有吴县史鉴（1434—1496），字明古，号西村，人称西村先生，吴江（今江苏苏州吴江区）人。"家居甚胜，水竹幽茂，亭馆相通，如入顾辟疆之园。客至，陈三代秦汉器物及唐宋以来书画名品相与鉴赏。好着古衣冠，曳履挥尘，望之者以为仙也。"②他喜爱收藏，极精鉴赏，家居时也喜欢与好友一同观赏书画名器。这种读书与赏玩器物的生活态度，被时人视为一种高雅的生活态度，反映了当时文士鉴赏考古的娱乐性与趣味性，符合君子格物致知的道理，更能借此砥砺自身的读书学习精神。

三、文房清供

据《苏州府志》《古今图书集成·职方典》记载，明中期的苏州有手工业者五万余人，产品可分为成帛、布、剪采、器用、酝酿、品撰和工作居七大类，六百多个品种。笔、墨、砚台、纸张的生产，无论在数量上还是质量上在当时都有新的提高。发展至明代中晚

---

① [明]王行：《半轩集》，《景印文渊阁四库全书》集部 1231 册，台湾商务印书馆，1983 年，据台北故宫博物院藏本影印，页 1 下—2 上。
② 张小庄、陈期凡编著：《明代笔记日记绘画史料汇编·西园闻见录》，上海书画出版社，2019 年，第 264 页。

期，文人搜藏古玩器物的风气所及，几乎成为读书生活中的必要条件。正如董其昌所言：

> 文士之精神，存于翰墨。玩礼乐之器，可以进德；玩墨迹旧刻，可以精艺。居今之世，可与古人相见，在此也。助我进德成艺，垂之永久，动后人欣慕，在此也。"①

明代文人除了青铜、书画之外，在其他器物方面也颇感兴趣，如古琴、古砚、古钟鼎彝器、怪石、笔格、漆器、织物等，皆成为文人赏玩的对象。如武康陈孝廉：

> 一生无别好，独好古砚，嗜砚不止，饥嗜食，渴嗜饮，病嗜药，偶遇一砚当其意，即解簪脱珥，不购不已……计孝廉一生所积砚约二百许，果有绝奇可爱者，惜乎身后一旦散失无一存也。②

古砚成为他一生积极搜藏的藏品，但于身后却尽皆散失，令人怅然，其钟爱古砚之举，着实令人敬佩。这些文房清供不仅可供文人玩赏，还有助于其修养心性，丰富其日常社会生活。

第二节 藏品的来源与方式

明代中晚期收藏人数之多、藏品之富，堪称古代中国民间收藏发展的全盛时期。具体表现在收藏家人数增多、收藏范围扩大、鉴藏类研究著作骤增等现象。当时热衷于收藏古玩、时玩的不仅

---

① [明] 董其昌著，严文儒点校：《骨董十三说》，上海书画出版社，2013年，第197页。
② 华人德、朱琴编著：《历代笔记书论续编》，江苏教育出版社，2012年，第108页。

是在朝官员或文人雅士，众多富商也纷纷加入其中，以此来标榜身份地位。还有部分富贾商户专门搜藏古玩书画来装饰家中的厅堂、书房或商业场所如酒楼、青楼等地。此时，古物收藏已不再是帝王士绅或文人雅士的专属，用古玩藏品作为社交雅集、赠送交换的风气已经成为社会各界的时俗风尚。

那么众多明代收藏家们的藏品又从何而来呢？结合史料可知其来源主要有以下五种：一是祖传遗产世代收藏，出身显宦有所积蓄；二是皇帝赏赐；三是市场购买；四是友情交换；五是临摹强取。毫无疑问，明代早期藩王、官宦的大部分藏品都来自于内府赏赐，考古发现和现存藏品上的钤印都说明了这一点。明代中晚期，民间艺术品市场已经基本形成，古玩买卖十分活跃，用现金购买书画等艺术品的现象十分普遍，这也是大部分民间收藏家的主要藏品来源。此外，一些文人书画藏家的作品还多来自其身边的师友。如文徵明的藏品极少通过具有功利性质的买卖而得，他收藏的目的，也主要是有助于书画创作。

第三节 明代文人画家的博古图

明人所绘博古图不少都与雅集活动有关。这一时期，画家创作雅集图的数量和质量都达到了顶峰，不仅有大量传统绘画题材的再现，也有很多不同主题的雅集作品，玩古、博古等文人活动，多是在此场合进行。明初博古题材的盛行与当时古玩、书画的鉴藏之风有紧密联系。钟鼎彝器、古玩字画等艺术品除了本身具有的实用价值和审美价值外，更大的价值在于它们所象征的身份、地位、阶层或特权，这将文人之间的乐趣上升为一种艺术现象，一种供大众模仿和追逐的生活模式。在明人鉴古图中，钟鼎彝器、琴棋书画、笔墨纸砚等，都成为画面构成的必要元素。这些象征

图 55 [明] 文徵明《真赏斋图》，纸本设色，纵 36 厘米，横 107.8 厘米，上海博物馆藏

文化、身份、财富的符号都是博古图呈现其文化内涵的凭借。画面中的主人公一般都有较佳的经济条件，并专注于投入到文人社群活动中。这类雅集图或者书斋图通过图像对主人公的精神意境进行了诠释，或称之为"别号图"。这些作品的作者通常都是较有名望的书画家。

一、文徵明《真赏斋图》

《真赏斋图》是文徵明为明代著名藏书家、书画收藏家华夏所作的"别号图"，现存三本，分别藏于上海博物馆、中国国家博物馆和武汉市文物商店。其中前两本为真迹，第三本为赝品。①《真赏斋图》描绘的是文徵明友人华夏隐居无锡时在湖边修建的别墅的场景。画面采用平列式构图，右边假山及苍松、古桧、紫薇与左边树木相互呼应，置于一个平面层次；梧桐、修竹及草堂，又置于另一个平面层次。

文徵明《真赏斋图》是以华夏的真实书斋为参照物进行描绘的。现以上博本为例进行分析。上博本《真赏斋图》（图55）为纸本、设色，其上有作者自题"嘉靖己酉秋，徵明为华君中甫写真赏斋图，时年八十"，画面笔墨苍劲、秀润，尤见功力。

真赏斋是华夏收藏古玩书画的斋室和住所，画面共有草堂三间，主人公坐在中间书斋内正与好友交谈，旁有童子捧书而立。华夏面前的桌案上有展开的书卷和一些古籍、器物。左侧的草堂内是华夏收藏的青铜彝器和古籍名画，它们被整齐地放置在室内的书架上。右侧草堂内是两位正在煮茶的童子。画面左侧的河岸对面还有一位前来拜访的文士，他旁边也伴有一童子。草堂周边松梧繁茂、草木生长旺盛。这幅作品无论是竹子、树木、草堂还是人物都刻画得非常细致，于沉沉中可见灵动。

《真赏斋图》是一幅相对写实的别号图，图中书斋内的古籍、

---

① 王红波：《文徵明的绘画世界》，四川美术出版社，2019 年，第 121 页。

图 56［明］谢环《杏园雅集图》，绢本设色，纵 36.8 厘米，横 243.2 厘米，大都会艺术博物馆藏

书画就比较真实地反映了华夏的收藏爱好，图中所绘的华夏藏品大部分是古籍和卷轴。在丰坊为华夏所作的《真赏斋赋》中，也重点提到了十八件法书、十七件绘画、四件碑刻、十三件法帖和三十八种古籍。① 又根据丰坊对华夏藏品的总结："六经之籍，诸儒之论，历代之史，百氏之言，周秦汉魏之书，晋唐宋元之绘，固已盈几溢笈，兼艫压栋。"② 通过画面场景及氛围营造，文徵明生动地塑造了一位真正的江南书画鉴藏家。该画与元代画家张渥（？—约 1356 前）的《玉山雅集图》颇为相似。该图现已不存，但通过元末诗人杨维桢（1296—1370）所作的《玉山雅集图志》可简单了解玉山主人顾瑛（1310–1369）和《玉山雅集图》的大致内容：

> 右《玉山雅集图》一卷，淮海张渥用李龙眠法所作也。玉山主者，为昆丘顾阿瑛氏。其人青年好学，通文史及

---

① 陈斐蓉：《丰坊〈真赏斋赋〉研究》，《艺术学研究》，2012 年第 1 期。
② ［明］郁逢庆纂辑，赵阳阳点校：《郁氏书画题跋记·真赏斋赋》，上海书画出版社，2020 年，第 115 页。

声律、钟鼎、古器、法书、名画品格之辨。性尤轻财喜客，
海内文士未尝不造玉山所。其风流文采，出乎辈流者，
尤为倾倒……是宜斯图一出，一时名流所慕尚也[①]。

通过杨维桢的描述，可知玉山主人是一位颇具文艺修养，爱
好钟鼎彝器和法书名画的文人雅士。

二、谢环《杏园雅集图》

谢环（生卒年不详），字廷循，永嘉（今浙江温州）人，工诗文、
擅绘画。他交友广泛，师张菽起，并宗法荆浩、关全和米芾。洪
武时期，谢环就已颇负盛名。他于永乐时期（1403—1424）进京，
入画院供职。明宣宗妙绘事，授以他锦衣千户。谢环传世作品有《杏
园雅集图》《云山小景图》和《水光山色图》。

谢环的大幅手卷《杏园雅集图》（图 56）现藏于纽约大都会
博物馆（还有一版现藏于镇江市博物馆）。画卷中人物、树石的

---

① 张小庄、陈期凡编著：《明代笔记日记绘画史料汇编·六研斋笔记》，上海书画
出版社，2019 年，第 480 页。

画法学于南宋院体李唐和刘松年。这幅作品用图像记录了当时的一次真实事件，这次集会发生在明代杨荣（1371—1440）年的私家花园中。谢环《杏园雅集图》中一共出现了九位士绅，他们均居朝廷官僚体系的高层。在画面中心人物组合的右侧，出现了鉴赏书画的场景。图中有两位男子正在欣赏一幅立轴，其中身着青袍的是钱习礼，穿绯袍的则是杨溥。杨溥与杨荣、杨士奇并称为"三杨"，他们都是明初著名收藏家。从立轴的部分图像内容可以推测这应该是一幅出自南宋宫廷画家之手的山水画，或者是承袭南宋宫廷山水画的明代作品，这种绘画风格就是随后的"浙派"画风。与此图有相似场景的还有吕文英（1421—1505）和吕纪（1439—1505）合作的《竹园寿集图》（如图 57）和安正文的（生卒年不详）《黄鹤楼图》。

《竹园寿集图》由吕文英画人物，吕纪补景。吕文英（1421—1505），括苍（今浙江丽水）人。他擅画人物、山水，是浙派画家之一。人唤吕文英为"小吕"，吕纪为"大吕"。吕文英的传世作品有《江村风雨图》和《货郎图》。《竹园寿集图》的另一位作者吕纪（1439—1505），字廷振，号代愚，鄞县（今浙江宁波）人。仁宗弘治年间（1481—1505），吕纪与林良（1428—1494）一起进入画院，授锦衣卫指挥史。吕纪的画作精工富丽，受到五代黄筌和南宋院体花鸟画的影响。传世作品有《梅茶雉雀图》《柳荫白鹭图》和《南极老人图》等。

《竹园寿集图》描绘的是弘治十一年（1498）吏部尚书屠滽（1440—1512）、户部尚书周经（1440—1510）和御史侣钟（1439—1511）三人同值六十寿庆，诸臣僚同去周经府邸竹园贺寿的场景，此画不止一卷，入清后转入"同鉴楼"。据吴宽《序》曰："屠公援宣德初馆阁诸老杏园雅集故事曰："昔有图，此独不可图乎？二君遂欣然模写，各极其态。"由此可知，该图仿照了谢环《杏

图 57 [明] 吕纪、吕文英《竹园寿集图》，绢本设色，纵 33.8 厘米，横 395.4 厘米，故宫博物院藏

园雅集图》的构图形式，也是以图像为主的雅集图。图中出现的观赏画作的两人正是《竹园寿集图》的作者吕纪和吕文英，他们正全神贯注地欣赏一幅三色水墨作品，该作品继承了自南宋宫廷承袭至明代的风格传统。诸如《杏园雅集图》《竹园寿集图》一类的雅集图，主要是为了彰显画面主人公富于收藏和具有高尚趣味的一种途径。

明代安正文的《黄鹤楼图》精彩地描绘了明初黄鹤楼的形制和规模。这座建筑位于长江边的武昌市，是当时文人雅集的著名地点。画面中，一位神仙驾仙鹤掠过楼顶飞往茫茫天际，地上的大多数人正兴奋地向其拱手。与之不同的是，黄鹤楼内的四位文士正围案而坐，埋头欣赏一幅立轴山水画，似乎完全不知道天空中出现的神迹。文士中间的桌案上放置有古籍卷轴，正对观众的墙上也悬挂了一幅山水画。画面场景与谢环《杏园雅集图》中文士鉴赏绘画的场景十分相似。

三、陈洪绶《瓶花图》

陈洪绶（1598—1652），字章侯，号老莲，浙江诸暨（今浙江绍兴）人。明末著名书画家和诗人，善画山水，尤工人物，著有《宝纶堂集》。他的人物画作品中经常出现早期的古器物，如各种青铜彝器、瓶花清供、文具和盆景等。这些器物造型精美，极具装饰性，从而使其画面具有一种"高古"之美。陈洪绶匠心独运地安排画面中的器物和人物，使其作品在构图上大放异彩。陈洪绶画过许多以瓶花为题材的作品，如《博古图》（1625）《岁朝清供图》（1631）《和平呈瑞图》（1633）等。

明代晚期的文人对古玩、器物极为迷恋，他们不再满足于单一的器物，而是更加注重各个器物之间的搭配与组合。正如清代李渔在其《闲情偶寄》中谈到：

　　若三物相俱，宜作品字形，或一前二后，或一后二前，

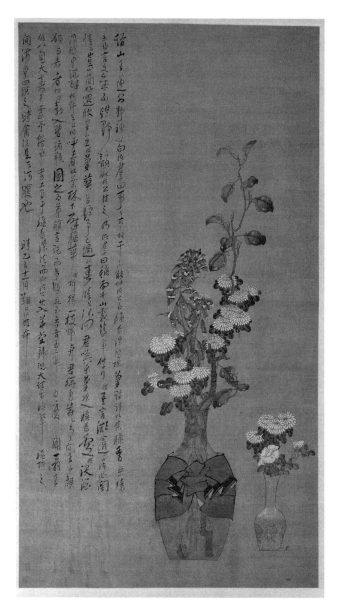

图58［明］陈洪绶《瓶花图》，绢本设色，纵174.5厘米，横98厘米，
大英博物馆藏

或左一右二，或右一左二，皆谓错综；若以三者并列，则
犯排矣。四物相共，宜作心字及火字格，择一或高或长
者为主，余前后左右列之，但宜疏密断连，不得均匀配合，
是谓参差；若左右各二，不使单行，则犯偶矣。①

复古思潮贯穿了整个明代的文化发展，明代文人在玩古方面
更是沿袭了宋代文人的博古之风。古物作为一种精神寄托，成为
晚明士人用以抒情和象征隐喻的符号。画面出现的器物甚至成为
士人对理想人格的向往与憧憬，暗示了拥有者的身份和阶层。从
陈洪绶画作中的插花风格来看，其《瓶花图》清新高洁、气息古
拙雅逸。在陈洪绶《吟梅图》中，画面器物作为清玩出现，就是
用来衬托人物高雅的精神面貌。陈洪绶的瓶花：趣在淡远，味在
脱俗，形在清雅，意在悠长。这些具有文化隐喻的清玩，划分了
明代物质文化雅与俗的界限。

第四节 明代职业画家的鉴古图

一、杜堇《玩古图》

杜堇(生卒年不详)，有古狂、青霞亭长等号，丹徒(今江苏镇江)
人。成化年间（1465—1487）举士不第，从此绝意仕途，专心致
力于诗文书画的创作，其画承继宋代画院风格，并参以元人韵致，
于严谨法度中透出秀逸风韵，以精雅取胜。其白描人物继承了李
公麟的画法，造型准确，行笔轻重之间，显示出颇高的功力。其
代表作有《玩古图》《竹林七贤图》和《林堂秋色图》等。

杜堇代表作《玩古图》现藏台北故宫博物院，绢本、设色，

① ［清］李渔著，单锦珩点校：《闲情偶寄·器玩部》，浙江古籍出版社，2014年，
第201页。

纵 126.1 厘米，横 187 厘米。该画描绘了文人士大夫鉴赏古物的情景。整幅画古朴秀雅，有南宋院体画的风格。《玩古图》左上方空白处有杜堇题跋：玩古乃常，博之志大。尚象制名，礼乐所在。日无礼乐，人反愧然。作之正之，吾有待焉。怪居杜堇。东冕征玩古图并题，予则似求形外，意拖言表，观者鉴之。

杜堇认为若要发挥"博古"的精神，就要通过详究古物的形制名称，理解寻索古代礼乐制度，将看似逸乐的耳目之玩，提升至如同孔子所言的"好古敏求"的实际作为。杜堇《玩古图》题材本身就暗示了"好古"是一种高尚的审美活动，是身份地位的表征。

观察杜堇《玩古图》中描绘的古物，可以发现图中所绘器物与夏、商、周三代或汉、唐盛世的古器物虽然类似，却夹杂着一些佚离时代风格的地方。图中器物形象有些是他依据后世所制的仿古器物所绘，有些则来自宋吕大临的《考古图》或宋徽宗下令编纂的《宣和博古图》。《玩古图》中的器物上至先秦下至元明，年代跨度广泛，器物类型多样，充分满足了明人对古器物的热爱与想象。此外，根据杜堇对图中主人公形象和画面庭院、器具的细致刻画，可以推测出座椅上的主人公极有可能是一名爱好古物收藏的江南商人，他本身的文化水平不高，为了炫耀自身财力并得到社会公众的认可而收藏古玩。

此外，从杜堇《玩古图》几案上陈列的一些符号化的鼎彝重器来看，此时的明人已不再致力于考究器物形制的真实及它们自身所包含的文化礼制，他们更多的是注重自身的感官享受和心理满足。此时的文人崇古稽古，将古器物布置于自己的生活空间，"以古鉴今"沉醉于清幽雅境。纵观人类书画收藏史，不得不承认书画收藏与金钱、权力相联系。能够鉴别、赏玩古物的人不一定能收藏，能够收藏的人也不一定能懂得它的好。古玩、书画收藏的历史与附庸风雅相伴随，也与财富地位相伴随，正如文震亨在《长物志》卷五《书画》中所记载：

> 故有收藏而未能识鉴，识鉴而不善阅玩，阅玩而不能装裱，装裱而不能铨次，皆非能真蓄书画者……所藏必有晋唐宋元名迹，乃称博古。①

二、仇英《竹院品古图》

仇英（？—约 1552）字实父，号十洲，太仓人，约于正德十二年（1517）徙吴县（今江苏苏州）。仇英出身低微，曾拜周臣为师，也曾受到唐寅的影响。史料记载其"初为漆工，兼为人彩绘栋宇，后徙而业画，工人物楼阁"②。他勤奋刻苦，钻研名画，在临摹方面极为认真。仇英涉猎广泛，在山水、人物、花鸟、界画等方面均有很深的造诣，董其昌曾赞扬他："虽文沈亦未尽其法。"这也说明仇英的工笔画在当时受到了极大推崇。

《竹院品古图》是仇英《人物故事图》的册页之一。绢本，纵41.1 厘米，横 33.8 厘米，画面表现了三位文士正在竹院雅景中鉴赏古物的场景。其中头戴东坡巾、身穿赭色圆领袍的士大夫正专注地鉴赏宋代的团扇册页；他旁边是一位头戴软脚幞头，身穿交领右衽米色长袍的士人，侧身而坐与其共同赏画；两人对面坐着一位头戴软脚幞头，上穿浅褐色交领右衽长衫，下穿赭色裳的文士；该文士身后还有两位风姿绰约的仕女；其间还有忙碌的童子穿梭其间，各司其职。这种赏玩古物的场景，正如董其昌在其《骨董十三说》中写道：

> 于风月晴和之际，扫地焚香，烹泉速客，与达人端士

---

① 张小庄、陈期凡编著：《明代笔记日记绘画史料汇编·长物志》，上海书画出版社，2019 年，第 553 页。
② [清]张潮撰，刘和文点校：《虞初新志·戴文进传》，黄山书社，2021 年，第 495 页。

谈艺论道，于花月竹柏间盘桓久之，饭余晏坐，别设净几，辅以丹扆，袭以文锦，次第出其所藏，列而玩之，若与古人相接欣赏。可以舒郁结之气，可以敛放纵之习。故玩骨董有助于却病延年也。[1]

屏风内的两张平头案上，还陈列了各式青铜器。上置钟、鼎、簠、角、觚、豆、壶、琴、瓶等。图中描绘的青铜器数量众多，不论是案上、案前还是左下方前景处都摆放有青铜器。屏风外则有竹林、石几、棋盘和正在布置棋盘的童子，石几旁边还有嬉闹的黄犬和藏于太湖石之后的白鹤。画面右侧的屏风后还有一小童正在茶炉前扇风烹茶。整幅画面色彩华丽，情节丰富。

仇英《竹院品古图》是明代中后期社会物质文化极度精致化和艺术化的体现，彰显了明代文人"闲雅好古"的个性化特征和富有美感的生活方式。仇英通过画面人物、亭台楼榭、花鸟树石、家具器物等布景之间的联系来强化这种豪华感，外加环境氛围的营造，从而更加贴近世俗的审美品位，创造出更加为当时社会所接受的图式模式，这与明代中后期社会物质文化的极度繁荣密切相关。相较于往昔作品中浓厚的教化意味，闲适雅致的庭院生活更符合此时文人的价值取向。这种转变鲜明地体现在文人博古绘画题材的创作上，成为后世解读文人思想心态的重要媒介。

三、尤求《品古图》

尤求（生卒年不详），字子求，号凤丘，江苏苏州人，后移居太仓，曾学南宋刘松年、元钱舜举，工画山水、人物，兼长仕女，尤擅白描，画仕女继仇英以名世。尤求主要活动于嘉靖、万历年间，并于隆庆六年（1572）创作了《昭君出塞图》和《品古图》

---

[1] [明] 董其昌撰，严文儒点校：《骨董十三说》，上海书画出版社，2013年，第195页。

图 59 ［明］尤求《品古图》，纸本水墨，纵 93.1 厘米，横 31.1 厘米，故宫博物院藏

（图 59）。尤求《品古图》纸本水墨，纵 93 厘米，横 31 厘米。该图描绘了一位头戴高冠的文士，他身着长袍，踞案而坐，正在展卷品鉴。边上的几位高士，姿态各异，或昂首凝思，或品评交流。画面中的童子分侍左右，或捧爵前来，或持扇旁立，或低头观画。画面书案的左前角又另置一案，案上摆放着许多瓷器、彝鼎等古玩。这些古玩基本都能在当时找到原型，当然也有一些器物是画家依据实物稍作改动而成。园中湖石屹立，翠竹芭蕉掩映，桐树成荫，意境清幽古朴，画卷成功地表现了文人雅士品玩古物的生活情调。画面场景相对再现了江南的园林特色，园林正是文人士大夫鉴赏古玩、文会、雅集的好场所，正如《万历野获编》所载"嘉靖末年，海内宴安。士大夫富厚者，以冶园亭、教歌舞之隙，间及古玩"。[①]

　　值得一提的是，画中文士形象与宋代苏轼形象有诸多相似之处，这可能与明人对苏轼品性、作风的崇拜有关。这类表现文士鉴赏古物的画作也成为明代中晚期较为流行的一个题材。尤求于己卯（1579）年创作的《松阴博古图》与《品古图》在构图与画面内容等方面均十分相似，这类题材发展至明后期甚至形成了"东坡博古图"这一固定题材。

四、郑重《品古图》

　　郑重（生卒不详），明末画家，字千里，号无著、重生、风道人、天都懒人，安徽歙县人，流寓金陵（今南京）。郑重《品古图》扇面也是描绘文人雅集的类似题材。画面描绘了三位文士正在一处静谧优雅的园林中进行鉴古活动。画中文士围案而坐，案上摆放着展开的山水册页和一些卷轴、书籍。三位手捧画轴、古器和瑶琴的童子正向他们缓缓走来，文士们瞩目凝视，迫不及待地想要鉴赏把玩。画面左侧石台上摆满了日用瓷器，右侧石案上则陈

① 张小庄、陈期凡编著：《明代笔记日记绘画史料汇编·万历野获编》，上海书画出版社，2019 年，第 531 页。

图 60［南宋］刘松年《麻姑采芝仙图》，绢本设色，纵 116.4 厘米，横 82.1 厘米，台北故宫博物院藏

列着各种彝器。

诸如仇英《竹院品古图》、尤求《品古图》、郑重《品古图》、张翀《鉴古图》等文人博古图所描绘的画面场景实则是当时江南地区文人生活的一个缩影，也是人们理想中的生活方式。这些图式产生的原因是多方面的，但最重要的原因主要有三个：一是明代江南地区鉴藏之风盛行；二是明代古器造假成风，辨明真伪已成普遍需求；三是明代好古人士从视觉和心理上对古器物的需求。此时博古题材的出现，不再单纯是文人崇古，而是非文人群体借古人、古物表达对于文化身份的追求。古董书画的有无也成为明代后期辨别雅俗、清浊的标尺。明代博古图的描绘主体是文人士大夫，文人是中国古代社会的精英阶层，其内在精神风貌和外化社会行为最能反映一个时代的特征。明代文士鉴藏古物的行为一方面是对其自身处境的不满和对礼乐制度的推崇和怀念，另一方面则是出于其较高的文学修养和纯粹的兴趣爱好。

明清之际，士商之间的相互认同和接纳，也扩大了市场对文人画的需求。创作主体为了迎合市场，画面内容的平民化、生活化倾向日益明显，审美取向多元化，画面逐渐呈现出世俗化特征，同时也使得绘画创作中雅俗之间的界限愈发模糊。明人从崇古、慕古到赏古、玩古观念的转变，打开了从单纯收藏向收藏与日用相结合的新通道，即借助于物质文化而展开的对感性世界的体验与玩味。明中期以来玩物品赏潮流的发展演变，从一个侧面反映了明代自由思想的勃兴以及从农耕社会向商品社会过渡的状态，也反映了充满理性的传统社会向情感泛滥的世俗情趣的转变。

第五章 明代书画鉴赏著录

书画著录，是记述历代书画、研究书画的专门著作，详细地记录有关书画的名称、作者、年代、来历、考证、评价等，是收藏研究书画必须了解的书籍。正如金维诺先生所言，书画著录往往记载了有关绘画发展状况的资料，能为我们研究绘画发展提供丰富的材料。与前代相比，明代中晚期书画著录有其自身的显著特色。

第一节 明以前的书画鉴赏著录概况

从写作主体来讲，中国的书画鉴赏著录可大致分为国家发起和私人撰写两种。根据现存文献记载可以发现，中国较早的书画鉴赏著录主要是国家层面赞助的。正如现在见到的从南北朝到唐这一时期的书画著录，基本都是以皇室赞助为主，皇室品位起主导作用。刘宋虞龢奉命作的《论书表》、唐裴孝源在汉王李元昌的支持下作的《贞观公私画史》，都是在皇室支持下完成的。直到唐张彦远《历代名画记》，才有了个人自主编写的书画鉴赏著录。唐代早期的书画著录主要偏重于书法，尤其集中在二王书迹的著录上，如张怀瓘的《二王等书录》、徐浩的《古迹记》等。绘画类鉴赏著录数量较少，但相比于书法集中、单一的审美不同，绘画方面呈现出多样化的鉴赏趣味。如裴孝源的《贞观公私画史》对陆探微、卫协、晋明帝、张僧繇、展子虔等数十位画家展开了探讨，这是由书画史观和收藏倾向的不同所决定的。此外，从内容方面来讲，早期的书画著录倾向于叙事性的书写方式，如张怀瓘的《二王等书录》、韦述的《叙书录》、武平一的《徐氏法书记》等。《唐朝叙书录》也是叙述唐朝皇帝对二王书迹的推崇与摹写的故实。当然，在这些注重叙事的早期书画著录中，已经孕育着以作品为导向的书画鉴赏著录成型的重要因素。

随着时代的发展，书画鉴赏著录逐渐开始摆脱记事的影子，以作品本身为主，如裴孝源的《贞观公私画史》和张彦远的《历代名画记》。但这些著录基本也仅有作品名、书画家名、收藏和真伪等简单信息。比较完备的有卢元卿的《法书录》，著录了王廙、萧道成和王羲之的书法各一卷。当时书法、绘画二门的分野很大，书画著录基本都是分列，这种情况直到宋元时期才有所改变。北宋时期，以皇家为主导的书画著录取得了巨大成就。《宣和书谱》和《宣和画谱》更是以庞大的宫廷收藏为基础，完成了以书画门类为纲的伟大著录。同时，这一时期的私人书画鉴藏著录也取得了很大成就，如米芾的《书史》《画史》和《宝章待访录》，皆以时代为序著录书画作品的材质、真伪、风格、鉴藏以及题跋者姓名，偶尔还有短篇题款。这种著录方式为后代提供了重要范本。

此外，士大夫艺术收藏的勃兴和鉴藏中心的下移为私人书画鉴赏著录的撰写提供了实物基础。如宋代邓椿在唐代张彦远之后，参考其体系完成了《画继》一书，其中"铭心绝品"一节以收藏家为单位，从作品导向转向收藏导向，显示了私家艺术收藏的勃兴和私藏观念的转变。南宋周密的《云烟过眼录》也是以收藏家为单位进行的编录。与周密几乎同时的汤垕，也写就了《画继》一书，该书偏于鉴赏，与之前以记事或直录为要的著录风气也大不相同。此后元代王恽（1227—1304）的《书画目录》则记录了他所寓目的元初从临安运到大都的书画珍品，该著录先法书，后名画，书法时录字数，绘画偶述画面，间记字体笔法、纸张、印文、递藏经过、题跋者及题跋全文。综上，书画鉴赏著述的发展趋势就是从皇家出版到私人撰写，从官方主导到个人自觉的趋势。

第二节 明代书画著录概况

明代中期以后，皇家对艺术藏品的控制能力已经大大减弱。当时正处于文人画发展的黄金时期，书画家本身就在诗文、学识和文化修养方面有较深的造诣。文人画的特质也让众多优秀学者参与到撰写艺论、编刊书画论著中来，如明代文学家杨慎（1488—1559）和王世贞（1526—1590）等人。社会经济的繁荣也使许多赀力有余的大收藏家，以编辑书画著录为尚。如无锡华夏请丰坊所作的《真赏斋赋》，苏州韩世能、逢禧父子延张丑编录的《南阳法书表》和《南阳名画表》。

江南地区的公共寓目活动非常活跃。其时社会阶层之间的壁垒松动和水陆交通的便利，引得苏州、松江、无锡、嘉兴、徽州等地的学者、官员、商人和装裱匠人以各种方式进入书画鉴赏圈，从而使得撰述主体更加多元化和普及化。如诗人和鉴定家詹景凤（1532—1602）编著《詹东图玄览编》、收藏家孙凤（生卒年不详）编著《孙氏书画钞》、文学家和书画家李日华（1565—1635）编著《味水轩日记》等。当然，与前朝相比，明代的书画著述更加丰富和成熟了，具体表现在：体例日益完备、内容日趋丰富、见解更加精辟。但是也由于明代书画作品的繁杂，再加上鉴定家们有时疏于考证，也造成了书画著述中有不少赝品存在，如张泰阶的《宝绘史论》，记载的作品大抵为伪作。

相较于前朝的书画鉴赏著录，明代的著录则更加丰富。宋代士人收藏主要以古琴、书画、文房器具和青铜器之类的古朴器物为主，明人收藏则增加了不少内容，比如家具、服饰、木石、珍奇等。正如高濂在《遵生八笺》中云："遍考钟鼎卣彝，书画法帖，窑玉古玩，文房器具，纤细究心。"①。明人的赏玩之物非常广泛，涉及钟鼎、彝器、法书、画册、瓷器、窑器、文房四件、琴瑟、剑器和古镜等，凡是可以赏玩的，皆一一纳入其中。这种现象一方面反映了晚明文人赏玩视野的开阔，另一方面也体现了文人的内在需求与社会风气的膨胀。明代文人将自身的价值观念、格调趣味融入鉴藏古物中，其重心在于"玩"和"雅"。这一时期，许多文人雅士不遗余力地著书立说，告诉世人如何才能成为一名格调高雅的文人大夫，如万历年间文震亨的《长物志》、屠隆的《考槃余事》和高濂的《燕闲清赏笺》等著作，都是围绕明代士大夫的雅居生活和文房清玩之事展开的。

一、曹昭《格古要论》

曹昭（生卒年不详），元末明初人，字明仲，松江华亭（今属上海）人。其父曹真隐博雅好古，家藏法书、名画、鼎彝、碑帖甚富。其兄曹迪也是一位文物收藏家，他特地将其一处书斋命名为"宝古斋"。曹迪和曹昭两兄弟与当时的文人杨维桢和钱惟善交好。曹昭受其父之熏陶，性好古，精鉴赏，后写成《格古要论》（三卷），该书是最早的一部有关文物鉴定学的专著，对作伪方法和真赝鉴定等都作了详细论述，被誉为存世最早的文物鉴定专著。《四库全书总目提要》评价《格古要论》曰："于古今名玩器具真赝优劣之解，皆能剖析纤微。又谙悉典故，一切源流本末，无不厘然，故其书颇为赏鉴家所重。"①《格古要论》在明清私家书目中经常被收录，如高儒《百川书志》、钱氏《绛云楼书目》、晁氏《宝文堂书目》、周中孚《郑堂读书记》以及近代容媛《金石书录目》都收录了此书。此外，郭味蕖所编《宋元明清书画家年表》一书中，亦将《格古要论》成书年代列入年表。

曹昭《格古要论》主要讨论了古铜器、古画、古墨迹（书法）、古碑法帖（碑帖拓本）、古琴、古砚、珍奇、金铁、古窑器、古漆器等古代器物。其中卷三专论宋法帖，尤其对《淳化阁帖》论述较详，记有《淳化阁帖》《淳化阁帖考》《淳化帖记》等条。卷五还有章节专论绘画，包括画论、画法、欣赏、装池、鉴定，以及唐、宋、元画家的传记。该书有曹昭自序：

> 先君子平生好古，素蓄古法书、名画、彝鼎、琴砚之属，置之斋阁，以为珍玩，其售之者往来尤多。予自幼性亦嗜之，今老尤弗息，因取古铜器、书法、异物，分其高下，辨其真伪，正其要略，书而成篇。②

《格古要论》中还有一位重要人物即舒敏，此人出现于《格古要论》序言当中。舒敏，字志学，他不仅与曹昭处于同一时代，两人还是同乡，更为关键的是，他可能是《格古要论》在王佐增补之前唯一编辑过此书的人物。据《格古要论》序言记载："予窃观而爱之，颇为增校，订其次第，叙其篇端，亦可谓格物致知之一助也。"③

---

① ［明］王佐撰：《新增格古要论·点校说明》，浙江人民美术出版社，2019 年，第 2 页。

② 莫伯骥著，曾贻芬整理：《五十万卷楼藏书目录初编·新增格古要论十三卷》，中华书局，2016 年，第 569 页。

③ ［明］王佐撰：《新增格古要论·序（舒敏）》，浙江人民美术出版社，2019 年，第 1 页。

曹昭《格古要论》最早以三卷本刊行于洪武二十一年（1388），之后经过几次大的重版，其修订再版的时间段几乎跨越了整个明王朝。如果说《格古要论》实际是总结了元代文人对古物的观点与认识，那么《新增格古要论》就是对明代立国后近百年建设与发展所产生的收藏新变化进行的总结与回应。收藏与日用之物逐渐有了两个不同的体系。

明景泰七年（1456），王佐开始增补《格古要论》一书，改原书十三门为十三卷，卷首有曹昭和舒敏二家序言。王佐，字功载，号竹斋，生卒年不详，江西吉水人。书画部分多取自《图绘宝鉴》《画鉴》《云烟过眼录》和《辍耕录》等书。王佐历时四年，于天顺三年（1459）将其校点完毕，刊行于世。王佐新增的条目有玉玺、金石遗文、宋元官服、五代及宋元时期的宫殿。但增补过程中亦有不足之处，即王佐所选辑的材料稍显繁杂，排比也不够系统，以致于后来的学者颇有微词。

二、文震亨《长物志》

文震亨（1585—1645），字启美，吴县（今江苏苏州）人，文徵明曾孙。文震亨家富藏书，善园林设计，工诗文绘画。他的小楷清劲挺秀，吸收了欧体某些笔法与结体，笔具尖、齐、圆、健四德。文震亨传世作品有《杏花图》扇面，崇祯七年（1634）作《武夷玉女峰图》轴。他成书于1621年的《长物志》十二卷，是晚明具有代表性的品物之书，可视为明代生活美学系统中的集大成者。

《长物志》分为室庐、花木、水石、禽鱼、书画、几榻、器具、衣饰、舟车、位置、蔬果、香茗等类目，从而对晚明文人的生活方式做了百科全书式的概览，使之成为研究晚明物质文化、建筑营造和文人生活的重要参考依据。《长物志》卷五是书画卷，论述了古书画的收藏和鉴定方法，分为论书、论画、书画价、古今优劣、粉本、赏鉴、绢素、御府书画、院画、名家和装潢几个部分。

《长物志》不仅十分重视当代日常生活之用，而且更加重视风雅品味、雅俗区分以及人在其中的主观能动性。该书从侧面反映了大众与文人对社会地位和文化权力的争夺，以及由于世俗文化的兴起，文人内部对雅俗辨识出现的分化。该书还可视为对文化资本、区分与认同等极为重视和阐述极为充分的著录。此外，文震亨还著有《香草诗选》五卷、《岱宗琐录》一卷、《金门录》和《仪老园记》等。

图 61 ［明］文震亨《泉声语声扇页》，纸本设色，纵 16.5 厘米，横 50.5 厘米，私人收藏

三、汪珂玉《珊瑚网》

汪珂玉（1587—？），明代著名收藏家和书画家。字玉水，号乐卿，自号乐闲外史。徽州（今安徽歙县一带）人，寄居秀水（今浙江嘉兴）。成书于崇祯年间的《珊瑚网》，是汪珂玉就其所藏和经眼过的书画作品编辑而成，该书完成于明亡之时（约1643—1644）。汪珂玉的父亲汪爱荆与明代著名书画鉴藏家项元汴交好，曾筑凝霞阁，贮藏书籍名画，收藏富甲一时。汪珂玉耳濡目染，

自然受到影响。他在《珊瑚网》跋叙中曾提到："余也自幼趋庭，见先荆翁所藏书画，心窃议之。壮而于知交，闲得掌录名迹，以至老积，有廿余帖矣……兹因庄盆，罢鼓聊尔，剖析寄情。"①

《珊瑚网》共计分为四十八卷，其中法书题跋和名画题跋各有二十四卷。《珊瑚网》篇幅巨大、内容丰富、体例清晰有序，在书画著录方面可谓史无前例。四库全书刊本《珊瑚网》"提要"记载："然丑（即张丑）之二书，前后编次岁月皆未明析。砢玉是书，则前列题跋，后附论说，较丑书纲领节目，秩然有条。"②《珊瑚网》书能从多角度阐释作品，书中所汇辑的题跋多能从内容和形式等多角度分析作品，是很好的画史资料。如卷中"晋顾恺之《洛神赋图》"条为："长康画宓妃卷，重着色，人物衣折秀媚，树石奇古，绢素破裂，尚是宋裱。世称虎头三绝，允为绘事秘玩。"③该跋语对画面内容、绢素外观和装裱年代都做了详细交代。

此外，《珊瑚网》的题跋汇编中，还有很多画论方面的内容，如在"僧巨然《山寺图》"条中，先有董其昌跋语：

> 此卷在梁溪华氏家，余求之数载，不得一观，今为公甫所有，得展玩竟日。其墨法笔法似右丞、范宽，与巨然平日淡墨轻烟少异。盖唐宋人画派如出一家，不可以格数辄较量也。④

题跋内容对画家巨然类似于右丞、范宽的情况提出了新的观点，即唐宋画派"如出一起"。

① [清] 倪涛编，钱伟强等点校：《六艺之一录·汪乐卿珊瑚网古今法书题跋叙》，浙江人民美术出版社，2015年，第3161页。
② [清] 永瑢等撰：《四库全书总目·珊瑚网四十八卷》，中华书局，1965年，第967页。
③ 俞剑华等编著：《顾恺之研究资料》，人民美术出版社，1962年，第139页。
④ [北宋] 郭若虚撰，吴企明校注：《图画见闻志校注·僧继肇》，上海书画出版社，2020年，第426页。

汪珂玉还非常重视书画鉴赏，对画作的特征和画面尺寸都作了详细记录。该书还侧重地对名画或重要画家作品进行了记录，体现了作者进步与客观的画史观念。作者虽然十分重视对元代等前朝画家的记录，但也明确表达了肯定当代画家的画史观念。但本书也存在一些题跋内容没有交代清楚来源的问题，只是泛泛的文字记录，令后人无法考证。但总体来说，汪珂玉《珊瑚网》的题跋内容丰富，画作特征较为详实，具有重要的史料价值。

四、李开先《中麓画品》

李开先（1501—1568），字伯华，号中麓，章丘（今属山东）人。他是明中叶著名文学家，与王慎中、唐顺之等并称为明"嘉靖八才子"之一，官至太常寺少卿。他以诗文、散曲著称，有诗文集《闲居集》、曲学著作《词谑》传世。不仅如此，他还是一位著名的收藏家和鉴赏家，曾筑"万卷藏书楼"来贮藏所收图书。李开先搜集了大量书画名迹，其中尤爱浙派绘画。明世宗嘉靖二十年（1541），李开先完成了《中麓画品》这一著作，其内容主要是对明代画家进行品评，涉及到明代绘画史、绘画鉴赏与批评等方面。该书主要品评了明代人的绘画，与向来分上、中、下三等或神、妙、能、逸四品不同，他独创五品之分，每品中并陈优劣。《中麓画品》前有自序：

> 国朝名画比之宋元，极少赏识，立论者亦难其人。岂非理妙义殊，未可以一言蔽之耶？予于斯艺，究心致力，为日已久，非敢谓充然有得也。常山叶子则云：留观当代，未见上于予者，且请撰次品格，为艺林补缺焉。于是乃作《画品》五篇；其一篇论诸家梗概；二篇设六要，括诸家所长，分四病指摘所短；三篇搜罗尺寸之长，俾令无遗；四篇类次其比肩雁行无甚高下，浑为一途可也；

图 62 [北宋] 范宽《溪山行旅图》, 绢本浅设色, 纵 206.3 厘米, 横 103.3 厘米, 台北故宫博物院藏

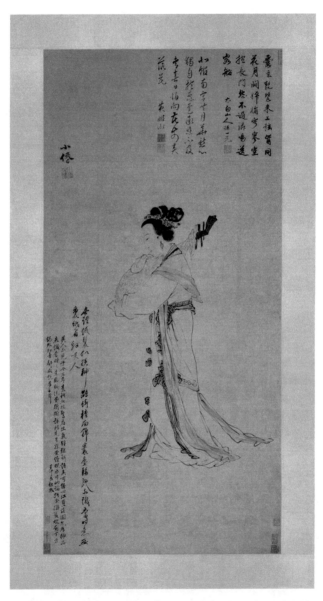

图 63 ［明］吴伟《琵琶美人图》，纸本水墨，纵 124.5 厘米，横 61.2 厘米，印第安纳波利斯艺术博物馆藏

五篇述各家所从来之原。[①]

综上可知，品鉴绘画之风，从宋代以后逐渐消沉，至元代则趋于沉寂。明代李开先的《中麓画品》和王稚登的《国朝吴郡丹青志》是当时专事品评的重要著作。

李开先将笔法与风格联系起来，认为强劲笔法和雄健风格也是一种艺术形式美，并有其合理内核。《中麓画品》以推崇浙派、贬低吴门画派著称，其门户之分易见。他对浙派代表人物戴进、吴伟的绘画风格颇多称赞，称戴进的画"如玉斗，精理佳妙，复为巨器"；称吴伟"如楚人之战巨鹿，猛器横发，加乎一时"。但他排斥其他类型的风格美，如沈周、倪瓒和周臣的艺术。李开先认为沈周的山水人物僵、浊，说他"如山林之僧，枯淡之外，别无所有"。这也说明，直到嘉靖中期，以吴门画派为代表的文人画风并未得到所有文人的认可。李开先《中麓画品》褒扬浙派而贬低吴门画派的做法，虽然失之偏颇，但这对于考察当时吴浙两个画派的发展与演变有重要作用。

五、王稚登《吴郡丹青志》

王稚登（1535—1612），字伯谷，号松坛道士，吴县（今江苏苏州）人，师从文徵明，入"吴门派"。善书，行、草、篆、隶皆精，著有《王百谷集》《晋陵集》和《客越集》等，现有《黄浦夜泊》存世。

王稚登《吴郡丹青志》，成书于明嘉靖四十二年（1563），主要版本有《宝颜堂秘籍续函》本、《广百川学海》本、《丛书集成》本、《画史丛书》本、《中国书画全书》本和《四库存目丛书》本等。本书记述了元至明中叶苏州地区画家的生平事迹和书画活动，以品第分类，在画家传后合作赞词，所载画家共计二十五人。

[①] 潘运告编注：《中国历代画论选（下）》，湖南美术出版社，2007年，第44页。

《吴郡丹青志》是一部地方性画家传记资料文献，对考察明代吴门画家的风格特征及擅长、师承颇有可采之处。

与李开先不同的是，《吴郡丹青志》取吴中近时画家各位传赞，分别品评之，明显是为了抬高吴门画派。不同于前朝的品级划分，《吴郡丹青志》提出了"神妙能逸"的批评理念，以"神品志""妙品志""能品志"和"逸品志"来品评吴郡地区的代表画家，显示了他独立的批评意识。值得一提的是，《吴郡丹青志》中谈到的神品画家只有一人，就是沈周，李开先认为：

> 先生绘事为当代第一，山水、人物、花竹、禽鱼悉入神品，其画自唐宋名流及胜国诸贤，上下千载，纵横百辈，先生兼总条贯，莫不撷其精微……公卿大夫下逮锱徒贱隶，酬给无间。一时名士如唐寅、文璧（壁）之流咸出龙门，往往致于风云之表，信乎，国朝画苑不知谁当并驱也。①

其余著名画家如唐寅、文徵明列妙品，周臣、仇英列能品，刘珏列逸品。余如黄公望则列遗耆志，徐贲列栖旅志，仇英女列闺秀志，各有传赞。在该书第一页《序》中，作者就点明了此书的性质："感名邦之多彦，瞻妙匠之苦心。断自吴郡，肇乎昭代。援豪小篆，传信将来。"②故该书是"为乡邦画人作传"。

《吴郡丹青志》在编撰体例上沿用了前代地方性绘画史，如记载江南画院活动的《江南画录》、记载中原地区绘画的《梁朝画目》和记载西蜀地区绘画的《广画新集》等。作者在每品论述之后，都附有"赞"，进行总结性的溢美之辞。此外，《吴郡

---

① [明] 杨循吉等著，陈其弟点校：《吴中小志丛刊·丹青志》，广陵书社，2004年，第61—62页。

② 俞剑华：《中国画论类编》，中国古典艺术出版社，2016年，第435页。

丹青志》在语言表达方面文辞俊美，精美华丽。该书篇幅很小，简单精悍，只有两千余字。在内容撰写方面，仅记载了吴郡画家25人。但事实上，自明代建立至嘉靖年间的著名画家，远不止这些。因此在画家选择和内容编排方面都稍显欠缺。尽管有一些缺憾，该书还是具有一定的史料价值。王穉登还曾收藏过众多名家作品，如王羲之《快雪时晴帖》（图64）、周昉《春宵秘戏帖》、李公麟《九歌图》、李清照《一剪梅词真迹》、赵伯驹《明皇幸蜀图》《访戴图》、赵孟頫《如来像》、王蒙《惠麓小隐图》（图65）等。

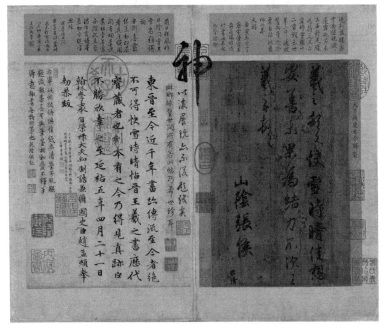

图64［晋］王羲之《快雪时晴帖》，纸本墨书，纵23厘米，横14.8厘米，台北故宫博物院藏

图 65 [元] 王蒙《惠麓小隐图》，纸本浅设色，纵 51 厘米，横 1303 厘米，印第安纳波里斯美术馆藏

六、朱存理《珊瑚木难》

朱存理（1444—1513），字性甫，长洲（今江苏吴县）人，工诗文，善书画，好游历，精鉴别。《四库全书》提要载："存理自少至老，未尝一日忘学问，人有异书，必从访求，以必得为志。所纂集凡数百卷，既老不厌。"①朱存理所藏书群经诸史，下逮稗官小说，无所不有。他还博雅好古，经常与吴中地区的书画藏家互通墨帖，共同品鉴。与其交好的东南名士有虞堪、陈符、刘珏、杜琼、张穆、沈周、祝允明、文徵明、李应祯、史鉴、金琮、黄应龙等人。朱存理于明成化、弘治年间完成的《珊瑚木难》，现有朱存理原稿本、多种抄本和一种刻本传世。"木难"意为宝珠名，表明其所见书画，甚为珍贵。

《珊瑚木难》成书过程复杂，在传播过程中又遭到隔断，或被托名别书，或有书贾杂采诸家文集、书画著录和金石杂撰，拼凑了另一部同名著作。明代著名藏书家赵琦美（1563—1624）和毛晋（1599—1659）都以己力促《铁网珊瑚》延津之合，却因误解初编本和增补本的关系，又未谙体例，导致卷次失序，失去了朱存理的原编面貌。

《珊瑚木难》原不分卷，"四库全书本"和《中国书画全书》将其等分为八卷。书中内容较为繁杂，包括书法题跋、画跋、遗文、墓志铭和送行诗歌等。朱存理还对著录作品的诗文题跋进行了抄录，有的后加附记，这对研究书中名作的收藏情况、文人之间的交往活动以及吴中地区的书画群体等都具有十分重要的价值。正如翁方纲所言："盖自宋末迄明初百有余年，文献之征皆揽结其间，岂徒艺事云尔哉？"该书不分时代顺序，所录主要来自朱氏自藏和当时吴中地区的藏家所藏。

---

① 余绍宋撰，戴家妙、石连坤点校：《书画书录解题·鉴赏》，浙江人民美术出版社，2019 年，第 506 页。

朱存理工于考证，凡所题书画，皆有依据。因此，该书内容还提及画家及其作品的相关背景，对于画家、收藏者和画家友人都有所涉及，这也间接说明了作品的流传过程。书中所录画家的生活时代是自南宋建炎年间至明弘治年间，具有重要价值和画史意义。

尽管朱存理的大量手稿都已失传，但他的散文和诗歌后来得以刊印，包括《野航文稿》（一卷）、《野航诗稿》（一卷）和《附录》一卷、《旌孝录》（一卷）、《楼居杂著》（一卷）等。此外，朱存理也给元代龚璛（1266—1331）所撰的《存悔斋稿》做了补遗（《存悔斋稿》补遗）。这两本书都被收入《横山草堂丛书》中重印。

七、都穆《寓意编》

都穆（1459—1525），字符敬，号南濠居士，吴县（今江苏苏州）人。都穆为官清廉，任职工部，斋居萧然，老而好学，以著书为乐。他既不善书，也不善画，其收藏雅好来自先祖的喜好。

都穆《寓意编》记录了作者见闻和收藏的书画作品共计有一百八十一件，其中不乏见于后世书画著录中流传有序的作品。他还对著录作品的真伪进行了鉴定，共六十条，并阐述得十分详细。著录中的收藏者共计四十六家，主要反映了明中期苏州地区的书画收藏情况，书中涉及的人物多以字号的形式出现。该书为随笔体，篇幅短小，却是时代较早的书画类著作，开明代私家书画著录之先。都穆在《寓意编》卷尾末段论道：

> 予家自高祖南山翁以来，好蓄名画。闻之家君云：妙品有吴道子《鱼篮观音像》，王摩诘《辋川图》，范宽《袁安卧雪图》，惜今不存。予近所收，有唐人画牛图，滕玉霄、白廷玉诗。李升画《杨通老移居图》，龙眠画《君臣故实八事》，虞伯生跋。马兴祖《胡人击球图》，又《胡人雪猎图》，马远《折枝榴花栀子》小幅，李唐《春江

不老图》小幅，上有双龙瓢印。王珏《芦雁》，宋人画《福星图》，皆往往为好事者所得，不留意也。①

根据上述文献记载可知，都穆家族的收藏历史悠久，且多有名迹，但其目前所著录的作品并非都是自家珍藏，从卷尾对新收作品的简单罗列就可看出。经都穆收藏过的作品有《石鼓文》拓本、李煜《墨竹》、李升《杨通老移居图》、李公麟《君臣故实八事》、米芾《临虞世南汝南公主墓志》、马兴祖《胡人击球图》《胡人雪猎图》、李唐《春江不老图》、马远《折枝榴花栀子小幅》、宋人画《福星图》和王珏《芦雁》等。

值得一提的是，托名为朱存理的《铁网珊瑚》实则是一部伪书，其将都穆《寓意编》全书收录作为一卷。都穆著述颇丰，除《寓意编》外，他还著有《金薤琳琅录》二十卷、《西使记》四卷、《都公谈纂》二卷，杂文集《南濠文略》六卷、《太仓周志》一册，以及《听雨记读》《工部器皿志》和《本朝名画记》等作品。

八、詹景凤《东图玄览编》

詹景凤（1532—1602），字东图，号白岳山人，安徽休宁人。所著《东图玄览编》（又名《詹东图玄览编》或《玄览编》）为笔记体，原为《东图全集》的一部分。《东图玄览编》著录的法书名画都是作者生平所见，由六百余条鉴赏法书名画的笔记和三十八首书画碑铭之作构成。该书内容主要为收录作品的质地、内容、印章、款识、尺度、流传经过等。詹景凤多以科学和客观的语言，记录作品的画面内容和外观、尺寸等，如对董源《龙绣交鸣图》即《龙宿郊民图》（图66）的记载：

董源《龙绣交鸣图》山水一轴。作大披麻皴。其山染法下用苦绿打脚，上用淡石绿笔过，都浅绛，山脚及石

---

① 张进等编：《王维资料汇编·明代》，中华书局，2014年，第369页。

脚用赭石……石如拳大者，或一堆三块或四块，其破脚
小石，则一堆或一块或五六块，通用赭石笼……人物极细，
长未能半寸，而山则极大……山上人家树上挂三圆灯，
对岸树仅二三寸许，一律无间杂，此岸树则长七八寸一根，
每一丛各有错杂不同……此图无款识，亦无前代名贤题
字，相传为董源《龙绣交鸣图》，图名亦不知所谓。用
二大绢，约阔四尺五六寸，高五尺二三寸，在成国公家。①

图 66［五代］董源《龙宿郊民图》，绢本设色，纵 156 厘米，横 160 厘米，台北故
宫博物院藏

---

① ［明］詹景凤著，刘九庵标点，刘凯整理：《东图玄览·董源龙绣交鸣图轴》，
上海书画出版社，2020 年，第 11 页。

由此可以看出，作者对画作的描绘非常的全面、详细和专业，关注的重点也是画作本身。

詹景凤对作品的真伪问题亦不时发表自己的见解，其鉴赏不仅仅着眼于款识印章，而是详究笔墨法度。作者没有门户之见，对浙派和吴门画派的论画见解，尚为平允。启功对此书的评价极高：

> 此编所记，不斤斤于款识印章，而详于笔墨法度。昔读张浦山《图画精意识》，以其备论画法得失，于书画著录体例中独辟蹊径，赏鉴之道，始不堕于空谈，而能有益于学者。及见东图之书，则已先乎浦山矣。盖东图书画既精，闻见又博，其所论断皆自甘苦中来，精辟如此，岂偶然哉？①

此外，詹景凤还著有《书苑补益》《画院补益》，这是他继王世贞《书苑》《画苑》后而作。

九、郁逢庆《郁氏书画题跋记》

郁逢庆（约1573—约1640），字叔遇，别号水西道人，浙江嘉兴人，明代著名书画收藏家。他交友广泛，与朱国祚、李日华、陈继儒、米云卿、吴孺子等文士皆有往来。其兄郁嘉庆名声较大，有丰富藏书，并积极参与当时兴旺的丛书编刊事业。郁逢庆之所以得以周游于江南各大收藏家之间，并著录各家的艺术藏品，应该与其兄长郁嘉庆有密切关系。

郁逢庆在其《书画题跋记》的编撰过程云：

> 余生江南，幸值太平之世，游诸名公家，每出法书名画，燕闲清昼，共相赏会。因录其题咏，积数十年遂成卷帙。

---

① [明] 詹景凤著，刘九庵标点，刘凯整理：《东图玄览·跋》，上海书画出版社，2020年，第246页。

然间值客舟旅邸，虽遇唐宋真迹，或笔墨不便，则付之云烟过眼而已，未尝不往来于方寸也。时崇祯七年，自春徂冬，集为十二卷，乃记于后。水西道人郁逢庆识。①

由此可知，他长期留心于抄录保存所见的书画作品题咏跋语，积累了丰富的资料。

郁逢庆的《郁氏书画题跋记》，前集有十二卷，续十二卷，共二十四卷，成书于崇祯七年（1634）。书成之后，《郁氏书画题跋记》主要以清抄本进行流传。该书记载了作者所见到的唐、宋、元、明等法书名画和自家所藏的书画碑帖，抄录题跋，汇集而成，对于考察古代书画名迹流传及鉴赏具有重要的参考价值。全书篇幅很大，采用书画合编的方式，无专门分别。该书在编撰方面具有自身的特点，所记录的多是书画家本人或与书画家相关人的题诗或题跋。据此，可以考证作者所录画家的交友圈和作品的真伪及流传情况，具有较为丰富的画史知识。

《郁氏书画题跋记》详细记录了书画作品的尺寸、材料等特征。该书所录书画名迹都是作者亲眼所见，因此能够以按语的形式记录画作的外观和印文等特性。《郁氏书画题跋记》在编撰体例方面比较随意，没有设置目录，对于书画家和具体作品也没有按照时代排序，较为混乱。《四库全书总目》评价《郁氏书画题跋记》"不以辨别真伪为事""体例尤不分明""采摭繁复"仅为"互资参考"之用。

遗憾的是，书中一些作品的记录和考证尚不够严谨，相比于《清河书画舫》略微逊色，但仍有重要的史料价值。正如谢巍评论此书：

书中有大量题画之作，文体有赋、赞、诗、词、跋、

---

① [明] 郁逢庆纂辑，赵阳阳点校：《郁氏书画题跋记·书画题跋记·原跋》，上海书画出版社，2020年，第316页。

记，等等，其中已有若干为作者本集所收，亦不乏缺载者，可供编辑宋、元、明三代总集或别集之用，或可资校雠，故详录其大要，或可借此检索所需资料。[①]

这是对此书文献价值的极大肯定。此外，郁逢庆还著有《义墨堂宋朝别号录》一书，可惜现仅存一卷，藏于上海图书馆。

十、赵琦美《铁网珊瑚》

赵琦美（1563—1624），字玄度，号清常道人，明代收藏家、校勘家、目录学家，江苏常熟人。性淡泊，不喜仕途，尝暇借古今载籍，缮写成册，精心校勘之，钱谦益称其为"近古之所未有"。赵琦美乃赵用贤（明隆庆进士，官至吏部侍郎）之子，以荫官刑部郎中。据《赵定宇书目》记载，赵用贤藏书有三千余种，至赵琦美藏书多达五千余种、两万余册，并刊刻书籍三十六种、一百二十六卷。好藏书，其藏书室称为脉望馆，著有《铁网珊瑚》《容台小草》《洪武圣政记》《脉望馆藏书目》等书。赵琦美生平事迹可见钱谦益《赵君墓表》。

赵琦美《铁网珊瑚》，又名《赵氏铁网珊瑚》，十六卷（或作十八卷，二十卷）。《铁网珊瑚》旧题明朱存理撰，或谓都穆所撰，后根据学者研究，此书非朱存理所撰，乃赵琦美的无名氏残稿所编，并有欣赏斋刊本、雍正六年年希尧刊本、《四库全书》本、乾隆二十三年刊本（二十卷）。赵琦美去世后，其书尽归钱谦益"绛云楼"所有。

《铁网珊瑚》共著录金石碑刻、书画、诗文墨迹等四百余种，并记录了相关题跋印迹，著录的法帖还录有原文，如《唐欧阳率更（子奇帖）》条，先录《子奇帖》原文："《新序》曰：子奇

---

① [明]郁逢庆纂辑，赵阳阳点校：《郁氏书画题跋记·郁书的价值与阙失》，上海书画出版社，2020年，第10页。

年十八，齐君使治阿，既行，齐君悔之。遣使追，使者返，曰：'子奇必能矣，共载者皆白首也。'子奇至阿，铸库兵以为耕器。魏闻童子为君，库无兵，仓无粟，乃起兵击之。阿人父率子，兄率弟，以私兵战，遂败魏师。"①其后有"古圯静胜老人刘沐观""庐山黄石翁观"等观阅者的题字。再后有记述原委、考证真伪、品评优劣及价值等内容，如《子奇帖》后即有元人邓文原、吴善、班惟志三人题识。书中所录大量题跋印记，有助于后人研究古迹异同真伪，至今赏鉴家多加以引用。

十一、文嘉《钤山堂书画记》

文嘉（1501—1583），字休承，长洲（今江苏苏州）人，文徵明次子，能诗书兼善画。他的山水画继承父风，亦工花卉，精于鉴赏古书画。文嘉所著《钤山堂书画记》是明嘉靖乙丑（1565）奉旨前往严嵩旧宅及新址清点查抄的书画，并登记造册。钤山堂即严嵩之斋名。据记载，文嘉整整清点了三个月，一共记录八十九位画家、三百二十三幅作品，并将其做了详细归类。在《钤山堂书画记》的后记中，文嘉自述道：

> 嘉靖乙丑五月，提学何公宾涯檄余往阅官籍严氏书画。凡分宜（严嵩）之旧宅，袁州（严世蕃）之新宅，省城之诸宅，所藏书画尽发以观，历三阅月始克毕事。当时漫记数目以呈，不暇详别，今日偶理旧箧得之，因重录一过，稍为区分，随笔笺记一二，传诸好事，明窗净几，时一批展，恍然神游于金题玉躞间也。隆庆戊辰冬十二月十七日文江草堂书茂苑文嘉。②

---

① 朱季海撰：《说苑校理·逸篇》，中华书局，2011 年，第 155 页。
② [清]倪涛编，钱伟强等点校：《六艺之一录·历朝书谱》，浙江人民美术出版
　社 2015 年，第 7726 页。

图 67 [隋] 展子虔《游春图》，绢本设色，纵 43 厘米，横 383 厘米，故宫博物院藏

从抄没目录来看，严嵩家收藏的书画多为名家巨迹。《钤山堂书画记》共分为书、画两部分，藏品分别按照时代先后排列，以作者为目，一人一件或多件作品，品名之下是小字注解。至于注解内容，则如文嘉自述所言，"稍为区分，随笔笺记一二，传诸好事"。著录的主要内容包括作品的递藏，同题的作品有几本，孰真孰伪，以及对作品艺术风格的简要点评。该书记载的法书名迹有王献之《鸭头丸帖》、颜真卿《送刘太冲序》、孙过庭《书谱》、苏轼《前赤壁赋》、黄庭坚《诸上座帖》，绘画有展子虔《游春图》（图67）、顾闳中《韩熙载夜宴图》、王诜《烟江叠嶂图》、马远《孝经图》、夏仲昭《嶰谷清风图》等，此外还有三国钟繇，唐代欧阳询、柳公权、孙过庭，宋代米芾、蔡襄、宋徽宗、高宗，元代赵孟頫、冯子振、郑元以及明朝宋克、沈度、李东阳、祝允明、文徵明等人的墨迹。画则更多，包括东晋顾恺之至明代戴进、吴伟、孙隆、沈周、文徵明、仇英、唐寅、陆治、陈淳等画家的作品。

《钤山堂书画记》记录了书画作品笺注收藏的经过以及书画之真伪，是研究古代书画作品流传和明代书画收藏的绝好材料。如对李思训《海天落照图》的记录共有四幅，按语载："内惟一卷为真。有跋者，乃沈文和笔，颇逼真。余二卷，乃仇英所临者，不及多矣。"①又郭忠恕《钓鳌图》按语为："真笔，上上，即吴中王氏所藏。图皆界画，楼阁甚古雅，但钓鳌义不知所出。中作一王者，凭栏用丝线牵一木鱼置水中，岂避暑水殿时用以适情耶！"②这些注文增加了该书的画史价值，也被视为后期书画鉴定与对照的重要依据。

除了《钤山堂书画记》，文嘉还有另外一部著作《天水冰山

① 连晃等编著：《天水冰山录·钤山堂书画记标校》，三秦出版社，2017年，第658页。
② [北宋]郭若虚撰，吴企明校注：《图画见闻志校注·董源》，上海书画出版社，2020年，第265页。

录》。该书的记载较《钤山堂书画记》更为详细，除记录书画之外，书中还记载了金银首饰、工艺品、金银器皿等其他器物。

十二、张丑《清河书画舫》

明代张丑（1577—1643）的《清河书画舫》也是一部著名的书画著录，全书共有十二卷，完成于万历四十四年（1616）。《清河书画舫》的主要版本有清乾隆二十八年（1763）仁和吴氏池北草堂刻本、《知不足斋丛书》本、释就堂抄本、《四库全书》本、《扫叶山房丛钞》本、清光绪十四年（1888）孙溪朱氏刻本和黄宾虹《美术丛书》本等。除了该书之外，张丑还有一些其他书画著录，如《真迹日录》《南阳法书表》《南阳名画表》和《法书名画见闻表》等。

张丑《清河书画舫》采用了唐张彦远《法书要录》和明赵琦美《铁网珊瑚》所用的体例，以人物为纲，以时代为序，记自三国钟繇至明仇英等历代名家书画作品真迹，述其源流、录其题跋、注明出处，附作者小传，间有考证，对名家名作时有评论。其中涉及的明代收藏家约有300多人，如韩世能、严嵩、董其昌、项子京、汪景淳、徐晋逸等。有些记下了具体姓名，有些没有具体记载，但从中也可以大致了解明代的书画鉴藏家和当时的书画流通情况。该书共收录了155件绘画作品，包括家族藏品，绝大部分名迹为作者亲眼所见。每卷末尾或有补疑，卷尾和卷末处有附录。除了辨证前人记载之谬误，张丑还在书中提出了自己对书画鉴藏的看法：

赏鉴二意，本自不同。赏以定其高下，鉴以辨其真伪，有分属也。当局者苟能于真笔中力排草率，独取神奇，此为真赏者也。又须于风尘内屏斥临模，游扬名迹，此为真鉴者也。是在当局者顾名思义焉，斯可矣。①

《清河书画舫》并未按照时代顺序严格排列，从作者的主观愿望来看，可能为了考虑画家画风和画家的师承关系，如将元人王振鹏寄于宋郭忠恕名后。这种排列顺序固然有作者的缘由，但对于读者来说，有时不免有所不便。除记录书画外，该书尚援引摘录相关的书画史著资料，如子集"索靖《出师颂》《月仪帖》"条：

> 索靖章草《出师颂》一卷，用黄麻纸书之，上有宣和印识而朱色如新，且与书谱文合，故文寿承定为真迹，为之刻石行世。评者至谓靖书如飘风忽举，鸷鸟乍飞，又如雪岭孤松，冰河危石，则其结法遒逸，从可知矣。或云颂文盖出萧子云笔，元初藏霍清夫处，见《云烟过眼录》，宋时在钱勰房下，亦见米氏书史，其真是耶？否耶？②

此段后面附有《书史会要》中的"索靖"条。但有关明人的记录则有所不同。张丑一般不采用书画传资料，而是收录题跋，以自己的目力在图后注明"真迹"二字，有的还收录有自己的题跋。总体来说，《清河书画舫》内容系统丰富，论述精当，成为书画品评和鉴藏的重要参考书。书中所录的少量书画题跋，系抄自他人诗文集，或未见实物仅据传闻而作，故书中也有不少以讹传讹之处。

综上所述，明代有关书画鉴藏的著录非常之多，并且无论在数量上还是质量上都超过了前代。这些书画著录的作者大多是江浙文人，这与江浙地区经济发达、从事书画创作的人数之多、书画鉴藏风尚之盛有密切关系。这些珍贵的书画著录，将为后世研

---

① [明]张丑：《清河书画舫》，见卢辅圣主编：《中国书画全书》（第四册），上海书画出版社，1992年，第185页。
② 施安昌著：《善本碑帖论稿》，上海书画出版社，第161页。

究明代的书画鉴定提供了很大的帮助。

第三节 明代书画著录的编撰特色

发展至明代，私人书画收藏非常发达，相关目录、笔记、文集和留存书画作品的题跋印鉴常可见到江南文人、两京权贵、地方官员、富贾士绅等收藏家的身影。到了明代中晚期，私家书画鉴赏著录也明显增多，这些著录的作者呈现出极强的地域性，且个人主导意识极强。书画专科著录的编者几乎垄断于江南士人之手。在江南地区，书画鉴赏著录的撰述中心是不断扩散并发生转移的，起初是在苏州，后来扩散到松江、嘉兴、徽州等地，这个过程与书画艺术的创作和鉴藏中心的转移相一致。这些书画鉴赏著录的编制者们与艺术圈紧密相关，有些书画著录的作者本身就是书画家或书画鉴藏家，如《钤山堂书画记》的作者文嘉就出自于著名的文氏家族，他本身又是出色的书画家。

通过观察可以发现，明代书画鉴赏著录的作者，在身份、地位等方面有较大的差异。相比于前代，这些作者的身份阶层呈现出一个普遍而又明显的下降趋势。如朱存理、张丑、郁逢庆俱为失意的布衣文人，他们的著录行为几乎与皇室或政府的赞助无关。当然这在一定程度上也可能限制了他们接触的书画数量与质量，但另一方面他们有较高的自主性和独立性。清代著名篆刻家丁敬（1695—1765）在提到明代书画鉴赏著录的成就时，就曾说：

> 至明之朱性父、郁逢庆，于所见墨迹凡诗文题跋悉著录之，使名贤幽介之遗文奥笔未得流布者，或于是中漱其芳润，识见尤卓。而嘉禾汪乐卿、吴中张米庵暨本朝下中丞，排罗搜纂，愈为富衍。高文恪之《销夏录》，乃并

图68［元］赵孟頫《水村图》，纸本水墨，纵24.9厘米，横120.5厘米，全卷纵24.9厘米，横1020厘米，故宫博物院藏

详纸素之修缩，连缀之次第，虽狡于鬻古者无所措其手足，朱竹垞检讨以为薄录书画之法至是始备。然悉合他氏之有与典籍之旧而成，非一家之专蓄也。①

这里提到的题跋集录体和资料排撰性就是明代书画著录体例探索中的突出特征和成就。

一、书画著录体例日益完整

自中国第一部私家书画著录——周密的《云烟过眼录》问世以来，开启了明代私藏收藏著录的序幕。此后，这一时期的著录项目更加完整，既包括书画作品的题跋、印文、作品的尺寸等，还包括一些作者的钤印释文。如明代私家书画著录最先开始的朱存理的文集《珊瑚木难》和《铁网珊瑚》。朱存理的《珊瑚木难》

---

① ［清］吴颖芳等著，方田点校：《西泠五布衣遗著·砚林集拾遗》，浙江古籍出版社，2015年，第317页。

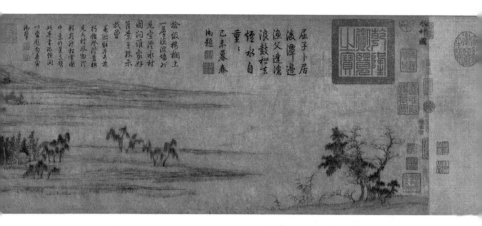

虽然缺少对书画作品的具体描述，却是最先以题跋文字的形式著录书画作品的文集，作者详细记录了收藏作品的题跋者的个人信息。如在赵孟頫《水村图》（图68）中就录有颜天祥诗："疏柳平芜落雁飞，断桥斜日钓船归。江天万顷秋如画，一笑人间罪墨非。"[①]以及汤弥昌词：

> 染秋云，图泽国，野趣入游戏。能事何须，五日画一水？重重杨柳陂塘，茅茨村落，鲈乡外西风渔计。 晚烟霁，有客乘扁舟，延缘度疏苇。欲访幽居，宛在碧溪尾。浩然目送飞鸿，醉歌欸乃，溪光里乱山横翠。[②]

经统计《珊瑚木难》记录了与此画相关的诗四十八首，文八

---

① ［明］朱存理集录，韩进、朱春峰校证：《铁网珊瑚校证·画品》，广陵书社，2012年，第739页。

② ［明］朱存理集录，韩进、朱春峰校证：《铁网珊瑚校证·画品》，广陵书社，2012年，第746页。

篇，词五首，赋一篇，可谓详细至极。这种著录方式在中国书画品论史上，具有重要的开创意义。也是自朱存理《铁网珊瑚》起，文中所录书画题跋有相当一部分转录自其他抄本，如《水竹图卷》和《刘中使帖》等作品中的画面题跋。同样，明代张丑《清河书画舫》中也有类似现象，如其一百五十一则"真迹"项的题跋文字，大多以作品为单位，也有以"某某题／跋某作品"为题的现象。

但在转录作品的过程中，难免会出现一些纰漏，如转录的同名实物之间是否是同一件作品，这都需要作者极为细致地考证与认定。张丑的《清河书画舫》就出现过此类问题。因此，明代私人鉴藏家虽然撰述自由，但由于现实因素，无法亲见实物只能参考前代文献进行取材汇总，难免会出现纰漏。但是私人书画著录摆脱了赞助者的很多限制，如不媚俗、不囿于物，是比较能体现作者个人思想的著录。

发展至清代，书画鉴赏著录的理念也发生了变化，即随着宫廷藏目和家藏著述的成熟，题跋集录体倾向于单纯实录作品上的文字，如高士其《江村销夏记》、卞永誉《式古堂书画汇考》和清宫廷书画著录《石渠宝笈》等。

二、书画著录演变为私人藏画著录

明代民间书画著录的作者多是鉴藏家本人，如《珊瑚网》的作者汪珂玉、《清河书画舫》和《真迹日录》的作者张丑。相同的是，这些著录的作者都具有较高的书画鉴赏水准。作者在书画鉴赏著录中都对具体作品进行了翔实的记录和整理，并在其中加入了个人的赏评意见。这类书画著录反映了书画交流、鉴藏背后的过程与细节，因此具有重要的史料价值。尤其是明末清初，吴其贞的《书画记》详细记录了他从崇祯八年（1635）到清康熙十六年（1677）间收藏书画的状况。吴其贞以时代为序，对作品的质地、款识、题跋、艺术特色、收藏印、保存状况、鉴定意见以及最后的收藏时间等情况都做了介绍，如《赵松雪前后赤壁图卷绢画一卷》：

> 气色尚佳。画法不见其妙，全失松雪笔性，乃胜国无名氏所作，后人拟为松雪也。卷首程云南篆书题《赤壁图》，后隶书《前赤壁赋》，又杨荣书《后赤壁赋》，又翰林编修董璘等四人题跋。
>
> 以上书画观于居安黄黄山家。黄山则黄石之兄，为士大夫中赏鉴名家。①

又如吴门文氏父子所编《文待诏题跋》《钤山堂书画录》、詹景凤《东图玄览编》、孙凤《孙氏书画钞》等书画著录基本都是根据作者所过眼的书画作品编写而成，因此在记述过程中会涉及作品的流传和递藏信息。另外，这些书画著录也不再以传统的神、逸、能、妙作为标准进行划分。

---

① ［清］吴其贞撰，邵彦校点：《书画记》，辽宁教育出版社，2000 年，第 8 页。

图 69 [明] 董其昌《疏林远岫图》，纸本水墨，
纵 98.7 厘米，横 38.6 厘米，天津博物馆藏

图 70 [明] 仇英（传）《宝绘堂》，绢本青绿，纵 188.8 厘米，
99.3 厘米，台北故宫博物院藏

结 语

魏晋以降，特别是唐宋之际，随着传统艺术的发展与繁荣，以书画遣兴、古器赏玩、文艺品鉴为中心的文艺活动逐渐增多，并逐步融入到文人所开展的雅集活动中来，书画等古物收藏也被视为文人等精英们获准从事的诸种活动之一。明清文人对古物的鉴藏已不复有宋人的庄敬，而是更加注重其自身体验与精神享受。在青铜器、玉器、瓷器、书画等古玩中，明人对书画和青铜器最为偏爱和重视。明代是一个复古思想较为浓厚的朝代，艺术创作也多基于"仿古""复古"和"摹古"，在这种风气的影响下，"古玩"的购买与收藏就成为一种社会潮流。明清文人强调的是自身价值观念和格调趣味，其重心在于"雅"，面对古物时，他们体验到的是一种轻松愉悦之感，因此，"玩古"也随之演变为一种社会时尚。

在中国书画收藏史上，明代是一个非常重要的时期，出现了诸如严世藩、王世贞、沈周、项元汴、华夏、韩世能、董其昌等著名的书画鉴藏家。该时期收藏规模颇大、收藏群体众多、收藏知识专业、书画市场繁荣。就收藏群体而言，明代书画收藏爱好者不仅有达官显贵、富商巨贾还有市民百姓和寺庙僧人等。与此同时，也出现了书画伪作泛滥，作伪人数增加和作伪手段多样等情况。尤其是苏州地区，临仿、伪造、代笔等行为已成规模化的流水线作业。这些伪作大多使用绢本，构图严谨、色彩鲜艳、笔法工细，时称"苏州片"。而且不仅在苏州，全国的其他地方书画作伪也相当严重。作伪手段和作伪方法更是数不胜数，如挖掉旧款改为新款、在本就无款的作品上添加名人款、赝品配上真跋、纸张做旧等手段。

　　明代收藏种类繁多，收藏活动丰富，收藏家喜欢将古玩书画充作室内摆设，以示博雅好古。正如陈继儒所说："高昌正臣，博古好雅，其燕处之室，凡可以供清玩者莫不毕具，石屏其一也。"① 随着收藏知识的专业化，明代书画鉴藏家的鉴识精神大大超越了宋元时期，正所谓"凡见一物，必遍阅图谱，究其来历，格其优劣，别其是非而后已。"② 鉴别藏品需要鉴定家具有深厚的学识功力，否则容易被作伪者以假充真。在明中期鉴识风尚的推动下，明代中后期出现了大批书画鉴定家和书画鉴藏著录，如李开先的《中麓画品》、王穉登的《吴郡丹青志》、汪珂玉的《珊瑚网》、都穆的《寓意编》和张丑的《清河书画舫》等，这些都是明代江南鉴藏圈迅速发展的有力证明。此外，也可以发现明代书画鉴藏著录呈现出了一个明显的历史发展趋势即由官方主导到文人自觉。

---

① [明]郁逢庆纂辑，赵阳阳点校：《郁氏书画题跋记》，上海书画出版社，2020年，第226页。

② [明]王佐撰：《新增格古要论·序（曹昭）》，浙江人民美术出版社，2019年，第2页。

参考文献

古代文献

1 [唐] 张怀瓘：《书估》，见《法书要录》，上海书画出版社，1986 年。

2 [唐] 张怀瓘：《书断》，浙江人民美术出版社，2012 年。

3 [唐] 张彦远：《历代名画记》，人民美术出版社，1964 年。

4 [五代] 刘昫：《旧唐书》卷一百六十九《王涯传》，中华书局，1988 年。

5 [宋] 吕大临：《考古图》，文物出版社，2019 年。

6 [宋] 邓椿：《画继》，见《画史丛书》，上海人民美术出版社，1963 年。

7 [宋] 郭若虚：《图画见闻志》，见于安澜《画史丛书》，上海人民美术出版社，1963 年。

8 [元] 陶宗仪：《书史会要》，北京师范大学出版社，2016 年。

9 [明] 沈德符：《万历野获编》，中华书局，1989 年。

10 [明] 郁逢庆纂辑，赵阳阳点校：《郁氏书画题跋记·书画题跋记》，上海书画出版社，2020 年。

11 [明] 赵宧光，林青华校注：《寒山帚谈》，浙江人民美术出版社，2018 年。

12 [明] 唐志契：《绘事微言》，山东画报出版社，2015 年。

13 ［明］项穆，赵熙淳注解：《书法雅言》，浙江人民美术出版社，2012 年。

14 ［明］董其昌，赵菁编：《古董十三说》，金城出版社，2012 年。

15 ［明］赵崡：《石墨镌华》，中国书店，2018 年。

16 ［明］曹昭、王佐著，赵菁编：《新增格古要论》，金城出版社，2012 年。

17 ［明］王士性：《五岳游草·广志绎》，中华书局，2006 年。

18 ［明］孙承泽：《庚子销夏记》卷四，上海古籍出版社，2011 年。

19 ［明］王佐：《新增格古要论》，浙江人民美术出版社，2011 年。

20 ［明］高濂：《遵生八笺》，中国医药科技出版社，2011 年。

21 ［明］毛子晋辑：《海岳志林》，见《笔记小说大观》，江苏广陵古籍刻印社，1995 年。

22 ［明］文嘉：《钤山堂书画记》，《美术丛书》本，江苏古籍出版社，1986 年。

23 ［明］张丑：《真迹日录》，中国书店，2018 年。

24 ［明］张应文：《清秘藏》，文渊阁四库全书影印本，中华书局，1983 年。

25 ［明］陶宗仪、朱谋垔：《书史会要 续书史会要》，浙江人民美术出版社，2012 年。

26 ［明］王世贞：《王氏书画苑》，湖南美术出版社，2020 年。

27 ［明］李日华：《味水轩日记》，上海远东出版社，1996 年。

28 ［明］高濂：《遵生八笺》，黄山书社，2010 年。

29 ［明］汪砢玉：《珊瑚网》，商务印书馆国学基本丛书，1936 年。

30 ［明］王世贞：《弇州山人题跋书画跋跋》，上海书画出版社，2020 年。

31 ［明］胡广：《胡文穆公文集》，见《四库全书存目丛书》集部 29 册，齐鲁书社，1997 年。

32 [明] 文震亨：《长物志》，三秦出版社，2020 年。

33 [明] 孙承泽：《庚子销夏记》卷四，上海古籍出版社，2011 年。

34 [明] 詹景凤：《詹东图玄览编》，见《中国书画全书》第四册，
上海书画出版社，2000 年。

35 [明] 谢肇淛：《五杂俎》，上海书店出版社，2001 年。

36 [明] 屠隆：《帖笺·赝帖》，《中国书画全书》第四册，上海
书画出版社，1992 年。

37 [明] 李维桢：《大泌山房集》（卷十一），《四库全书存目丛书》
（集部一五〇册），齐鲁书社，1997 年。

38 [明] 陈洪谟：《治世余闻》下篇卷之二，中华书局，1985 年。

39 [明] 项元汴：《蕉窗九录》，上海古籍出版社，1996 年。

40 [明] 董其昌：《容台集》（卷八），见《四库全书存目丛书》（集
部一七一册），齐鲁书社，1997 年。

41 [清] 张廷玉等修：《明史》，中华书局，1997 年。

42 [清] 安岐：《墨缘汇观》，江苏美术出版社，1992 年。

43 [清] 卞永誉：《式古堂书画汇考》，国家图书馆出版社，2013 年。

44 [清] 张照等辑：《秘殿珠林后渠宝笈汇编》，北京出版社，
2004 年。

45 [清] 王杰等辑：《钦定秘殿珠林石渠宝笈续编》，开平谭氏区斋，
1948 年。

46 [清] 吴其贞撰，邵彦校点：《书画记》，辽宁教育出版社，
2000 年。

47 [清] 张潮：《虞初新志》，河北人民出版社，1985 年。

48 [清] 莫友芝：《郘亭书画经眼录》，上海古籍出版社，2008 年。

近人著作

1　高居翰：《画家生涯》，生活·读书·新知三联书店，2012 年。

2　柯律格：《长物：早期现代中国的物质文化与社会状况》，生活·读书·新知三联书店，2019 年。

3　金炫廷：《明人鉴赏生活》，花木兰文化出版社，2009 年。

4　封治国：《与古同游：项元汴书画鉴藏研究》，中国美术学院出版社，2013 年。

5　李泽奉、刘如仲主编：《古画鉴赏与收藏》，吉林科学技术出版社，1994 年。

6　周文翰：《中国艺术收藏史》，商务印书馆，2019 年。

7　纪学艳：《张丑书画收藏与著录研究》，中国民族摄影艺术出版社，2013 年。

8　朱万章：《书画的鉴藏与市场》，山东美术出版社，2008 年。

9　罗春政、王宇编著：《吴门四家书画收藏与辨伪》，万卷出版社，2004 年。

10　韩进：《明代书画学著作研究》，中国美术学院出版社，2020 年。

11　黄朋：《吴门具眼：明代苏州书画鉴藏》，上海书画出版社，2015 年。

12　陈卓：《中国历代书画收藏论纲》，天津人民美术出版社，2008 年。

13　刘金库：《南画北渡》，河北教育出版社，2008 年。

14　张冰，范丽娜著：《从雅好秘玩到流动的博物馆：中国古代书法鉴藏与交易》，广东教育出版社，2018 年。

15　徐建融：《明代书画鉴定与艺术市场》，上海书店出版社，1997 年。

16 杨莉萍：《明代苏州书画市场研究》，江苏凤凰美术出版社，2016 年。

17 叶康宁：《风雅之好：明代嘉万年间的书画消费》，商务印书馆，2017 年。

18 吴明娣主编：《艺术市场研究》，首都师范大学出版社，2010 年。

19 韩丛耀主编，朱永明著：《中华图像文化史·明代卷上》，中国摄影出版社，2017 年。

20 韩丛耀主编，朱永明著：《中华图像文化史·明代卷下》，中国摄影出版社，2017 年。

21 鲁力：《书画鉴真》，上海文化出版社，1998 年。

22 耿明松：《中国艺术学研究书系·明代绘画史学研究》，山东教育出版社，2018 年。

23 邱士华、林丽江、赖毓芝：《伪好物：16 至 18 世纪苏州片及其影响》，台北故宫博物院，2018 年。

24 单国强：《古画鉴识》，广西师范大学出版社，2000 年。

25 承名世：《中国书画鉴定与欣赏》，上海古籍出版社，1996 年。

26 叶子主编：《中国书画鉴藏大辞典》，西泠印社出版社，2016 年。

27 王照宇著：《闲居与雅玩：明代吴地书画收藏世家研究》，中国美术学院出版社，2022 年。

28 李维琨：《明代吴门画派研究》，东方出版社，2008 年。

29 陈学霖：《明代人物与史料》，香港中文大学出版社，2011 年。

30 赵晶：《明代画院研究》，浙江大学出版社，2014 年。

31 范金民：《科第冠海内，人文甲天下：明清江南文化研究》，江苏人民出版社，2019 年。

32 吴军航著：《名人与西溪南》，合肥工业大学出版社，2015 年。

33 继馨、戴云良：《吴门画派的绘画艺术》，燕山出版社，2000 年。

34 故宫博物院编：《故宫博物院藏品大系·绘画编 2》，紫禁城出版社，2008 年。

35　李福顺：《中国美术史》，辽宁美术出版社，2000 年。

36　[美] 富路特、房兆楹原主编，李小林、冯金朋主编：《明代名人传》，北京时代华文书局，2015 年。

37　[美] 李铸晋编，石莉译：《中国画家与赞助人——中国绘画中的社会及经济因素》，天津人民美术出版社，2013 年。

38　牛建强：《明代中后期社会变迁研究》，文津出版社，1997 年。

39　吴羚木主编：《中国古代画家辞典》，浙江人民出版社，2005 年。

40　王红波：《文徵明的绘画世界》，四川美术出版社，2019 年。

41　罗宗强：《明代后期士人心态研究》，南开大学出版社，2006 年。

42　傅红展主编，故宫博物院编：《明代宫廷书画珍赏》，紫禁城出版社，2009 年。

43　丁羲元：《艺术风水》，上海人民美术，2007 年。

44　潘深亮：《中国名家书画鉴识》，万卷出版社，2005 年。

45　单国强：《古书画史论集》，紫禁城出版社，2004 年。

46　陈瑞林：《吴门绘画与明代城市风尚》，见故宫博物院编《吴门画派研究》，紫禁城出版社，1993 年。

相关论文

1 郭怀宇：《明前期仕宦鉴藏家的寓目范围与视角》，《湖北美术学院学报》，2021 年第 4 期。

2 黄德荃：《中晚明的收藏热潮与身份地位竞争》，《荣宝斋》，2018 年第 7 期。

3 宋长江：《明代艺术品市场演进轨迹》，《美术大观》，2019 年第 1 期。

4 谢永飞：《明都穆的书画鉴藏与交游管窥》，《荣宝斋》，2020 年第 10 期。

5 赵晶：《明代宫廷书画收藏考略》，《浙江大学学报（人文社会科学版）》，2018 年第 3 期。

6 刘金库：《明代项元汴和他的收藏世界（上）》，《荣宝斋》，2010 第 11 期。

7 刘金库：《明代项元汴和他的收藏世界（下）》，《荣宝斋》，2011 第 1 期。

8 姚旸：《明代江南民间艺术收藏中的赝品探析》，《故宫博物院院刊》，2013 第 2 期。

9 王照宇：《明代安国家族书画收藏研究》，《荣宝斋》，2017 第 3 期。

10 杨臣彬：《谈明代书画作伪》，《文物》，1990 第 8 期。

11 吕友者：《明代中后期书画的作伪风潮》，《荣宝斋》，2013 第 11 期。

12 孟原召：《曹昭〈格古要论〉与王佐〈新增格古要论〉的比较》，《故宫博物院院刊》，2006 年第 6 期。

13 冯韬：《明代折俸制度对江南地区书画鉴藏的影响》，《创意设计源》，2022 第 3 期。

14　陈江：《明代江南文人的文物鉴藏及其审美趣味》，《华东师范大学学报》（哲学社会科学版），2012 年第 2 期。

15　杨莉萍：《明代苏州地区鬻画群体研究》，《艺术百家》，2015 年第 1 期。

16　蒋志琴：《明代书画仿古模式》，《贵州大学学报》（艺术版），2022 年第 6 期。

17　高鹏：《明代中晚期绘画交易方式及特点之研究》，首都师范大学硕士学位论文，2005 年。

19　吴克军：《中国古代书画潜市场研究》，西安美术学院博士学位论文，2012 年。

20　原天羽：《明代沐氏家族书画收藏研究》，中国美术学院硕士学位论文，2012 年。

21　朱林：《明代中后期江南艺术品消费探究》，云南大学硕士学位论文，2019 年。

22　贺娟：《〈郁氏书画题跋记〉研究》，西北大学硕士学位论文，2017 年。

23　叶康宁：《竞尚清雅：明代嘉万时期的书画消费》，南京师范大学博士学位论文，2011 年。

24　鲁凯：《从〈书画记〉看晚明徽州书画收藏风尚》，华东师范大学硕士学位论文，2013 年。

25　李世博：《北宋士大夫的艺术品收藏与鉴赏研究》，安徽大学硕士学位论文，2021 年。

26　傅雨：《论中国书画市场中的作伪现象》，中国艺术研究院硕士学位论文，2010 年。

27　孙宇：《明代中期"吴门四家"书画市场研究》，南京艺术学院硕士学位论文，2016 年。

28 刘晓溪：《明代晚期江南艺术市场研究——以冯梦祯为中心》，鲁迅美术学院硕士学位论文，2020 年。

29 韩伯唐：《孙承泽鉴藏研究》，吉林大学硕士学位论文，2018 年。

30 郁文韬：《变宋化元》，中央美术学院博士学位论文，2017 年。

后 记

    本书是基于我读博期间对明代书画鉴藏的浓厚兴趣和深入思考，几经打磨后，最终定稿。撰写期间，为充分搜集图像资料，我实地考察了上海博物馆、浙江省博物馆、龙美术馆、中国美术学院美术馆、浙江图书馆等地，查阅了大量古籍和图片资料。原始资料零散、庞杂以及研读残损古籍是写作时经常遇到的困难，但在写作过程中，通过与老师和同学之间的相互交流，总能碰撞出思想火花，找出问题的突破口，也是一件十分愉快的事情。当然，因为时间和篇幅关系，还有很多内容没能全部展开，如促使明代各阶层参与书画鉴藏活动的内驱力、明代不同阶层之间关于书画鉴藏活动的互动、明代书画鉴赏著录的发展体系和内在逻辑等问题，后续有机会，可再进行深入研究。

    在这里，要特别感谢我的博士生导师金晓明先生自入学以来不断给我提供学术锻炼的机会。因为金晓明先生在专业方面的谆谆教导使我具备了较为系统的知识体系，他为人处世的严谨态度也时刻影响着我。此外，还要感谢白谦慎老师、陈振濂老师、薛龙春老师、黄厚明老师和赵晶老师在学业上的殷切指导，以及李钦曾老师的鼎力支持与帮助。另外，本书出版还要感谢中国书店出版社的编校，他们为本书的出版付出了辛勤的劳动。本书得以付梓，还要感谢蔺姝慧同学的热心帮助。再此一并躬谢！

郭丽冰

2023 年 10 月于浙大西溪校区